天津人民抗日斗争图鉴

中共天津市委党史研究室　编

天津出版传媒集团

天津人民出版社

目　录

第一章 奋起救亡

◆

1931年9月18日，日本军国主义者挑起旨在占领中国东北的九一八事变。两个月后，又将侵略矛头指向华北。面对日本侵略者得陇望蜀的狼子野心，中国共产党首先举起抗日救亡的旗帜，表明了抗击日本侵略、拯救民族危亡的严正立场。在中国共产党抗日救亡政策的感召下，蕴藏在天津人民心中的爱国激情迸发出来，汇聚成汹涌澎湃的抗日救亡浪潮。

一、抗日救亡先声

1931年，日本帝国主义者在沈阳蓄意制造了九一八事变，开始发动妄图变中国为日本殖民地的侵略战争。9月22日，为挽救东北地区的危局，中共临时中央政治局作出《中央关于日本帝国主义强占满洲事变的决议》，号召工农红军和被压迫民众将日本帝国主义驱逐出中国。同全国一样，天津的抗日救亡运动迅速兴起。

九一八事变后，全国学生代表到南京向国民政府请愿，要求国民政府出兵抗日。图为蒋介石被迫接见平津学生代表。

张贴在天津街头的抵制日货宣传画

　　日本侵略者强占东北三省，不仅激起天津人民的愤怒，也唤起天津人民的觉醒。在中国共产党的领导下，天津人民冲破国民党反动派的束缚和制约，掀起了抗日救亡的热潮。图为天津爱国团体印发的"全民一致扑灭倭奴"宣传画。

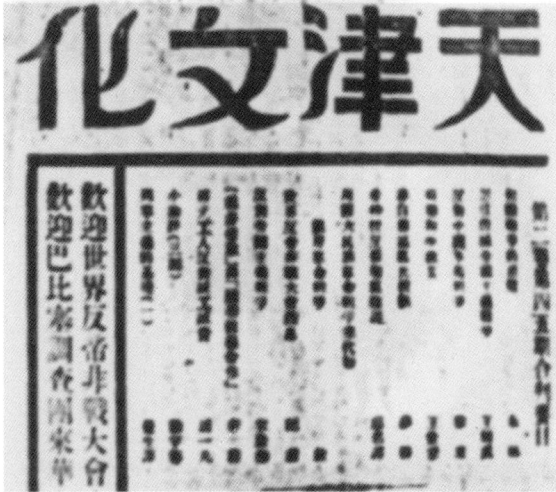

1932年8月，在中共天津市委领导下，抗日救亡团体——天津文化总同盟成立，统一领导左联、剧联和社联等文化团体，并出版机关刊物《天津文化》，对动员天津各界民众奋起救亡起到积极的推动作用。图为天津文化总同盟出版的机关刊物《天津文化》。

1931年天津《益世报》刊登的天津学生抵制日货报道

二、痛击便衣队暴乱

　　九一八事变后，日本把侵略矛头指向了华北。在日本特务土肥原贤二的精心策划和天津日本驻屯军出钱、出枪的密切配合下，日本在天津纠集了地痞、流氓两千余人组成便衣队，制造了臭名昭著的便衣队暴乱事件，也称天津事件。便衣队暴乱有两个目的：一是搞乱天津，使日军乘机占领天津；二是将蛰居在天津的清逊帝溥仪劫持到东北做伪满洲国皇帝。1931年11月8日，两千余名便衣队暴乱分子在日本驻军掩护下，分路袭击国民党河北省政府、天津市政府和公安局等要害部门。一时间，交通断绝，商店关门，无辜百姓生命财产受到严重损失。26日，便衣队又组织了较大规模的暴乱行动。天津保安队在王一民、解方等人的指挥下，对便衣队暴乱给予了坚决的镇压，日本侵略者的阴谋诡计未能得逞，但溥仪在这次暴乱中被劫持到东北。便衣队暴乱加剧了华北和天津政局的动荡。

日租界示意图

　　中日甲午战争失败后，清朝政府被迫和日本政府签订协议，在天津划定日本租界。1900年以后，日本租界数次强行扩张，至1903年，天津日租界总面积达2160亩。租界内各种机构、设施齐全，成为日本设在天津的"独立王国"，这里不仅是日本军国主义者侵略华北、掠夺华北经济资源的指挥中心，还是走私、贩卖烟土、制造毒品、抢掠华工的大本营。图为天津日租界示意图。

天津租界

西沽

西于庄

堤头

津浦

总督署

河东

北马路

西马路 天津县 东马路

南马路

奥租界

意租

天津车站
(老龙头)

郭庄子

日界

租

海光寺

法租 英租竹界

根

租

老西开

英租

界

大直沽

八里台

西楼庄 东楼庄

小刘庄

佟楼

大道

砖窑

跑马场

南大坑

七万分之一

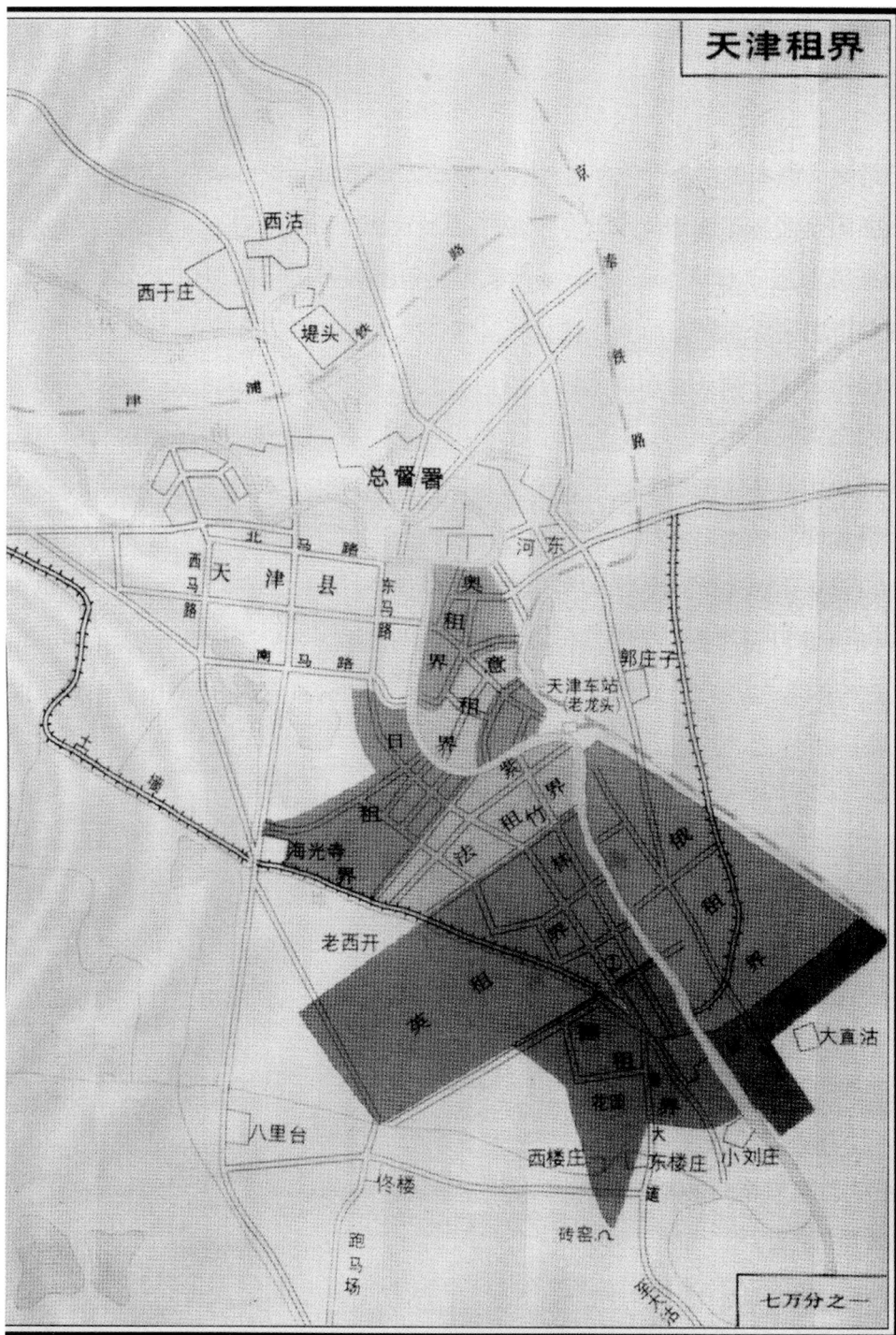

天津九国租界示意图

天津日租界街景

　　日本驻天津总领事馆地位极其显赫，青岛、济南、张家口、太原的日本领事馆统归天津总领事馆管辖。图为坐落在宫岛街（现鞍山道）的日本驻天津总领事馆。

海光寺天津日本驻屯军司令部

　　土肥原贤二，九一八事变前后任奉天（现沈阳）日本特务机关长。1931年11月初，土肥原贤二秘密潜入天津，计划在天津制造混乱，一是为牵制在华北的中国军队，二是为趁乱将一直寓居在天津日租界的清逊帝溥仪秘密转移到东北，以实现日本帝国主义在东北建立伪满洲国政权的阴谋。战后土肥原贤二被远东国际军事法庭定为甲级战犯，处以绞刑。

1926年，寓居在天津静园的清逊帝溥仪。

溥仪居所——坐落在天津市和平区鞍山道70号的静园

溥仪被劫持前往东北前与天津日本驻屯军要人会面

　　在便衣队暴乱中，天津日本驻屯军将日租界由侨民组成的"义勇队"武装起来，封锁租界，参与战斗。图为集结的日本"义勇队"队员。

日军出动装甲车为便衣队暴乱壮胆

便衣队暴乱给天津人民造成极大恐慌，百姓纷纷逃离城区。图为外逃市民经过鼓楼地区的情景。

便衣队暴乱时，日军在日租界实行戒严，昔日繁华的街道显得冷冷清清。

王一民（1898—？），1931年便衣队暴乱时任天津市保安总队队长兼天津市戒严副司令，指挥保安队和警察对便衣队暴乱进行了坚决的回击。

解方（1908—1984），中共党员，1955年被授予中国人民解放军少将军衔。1930年，毕业于日本陆军士官学校第20期步兵科，同年回国后，任天津保安总队总教练、市警察局侦缉队长。1931年11月天津便衣队暴乱时，解方曾两次参与指挥痛击便衣队暴乱。

由于事先接到情报，国民党陆海空军副司令张学良按照"全面考虑，妥为处理"的方针，严令天津市公安局一旦发生暴乱即"切实予以肃清"。图为天津保安队严阵以待，准备迎击进犯的便衣队。

天津保安队在曾一度被便衣队占领的某政府机关举行升旗仪式

天津保安队抓获的便衣队暴乱分子

　　1931年天津便衣队暴乱被镇压后，日军借保护日租界安全为由，调集大批军队进入天津向中国政府施压。图为从锦州乘火车来津的日军，经过万国桥（现解放桥）向日租界进发。

三、支援长城抗战

1933年1月，日本侵略者进犯长城沿线各关口，侵略矛头直指北平、天津。面对日本帝国主义的野蛮侵略，中国共产党于1月17日发表宣言，提出在停止进攻革命根据地、保障民众的民主权利、武装民众三个条件下，愿与任何武装部队订立共同对日作战协定。这个宣言产生了重要影响，北平、天津的广大工人、学生、商人和各爱国团体纷纷通电要求南京国民政府抗击日本侵略者。在全国爱国民众的抗日热潮推动下，驻守华北长城沿线的国民革命军第二十九军在喜峰口、罗文峪、马兰峪长达三百余里的防线上，与日军展开激战并重创来犯之敌。长城抗战爆发后，华北的中共各级组织立即行动起来，发动民众支援二十九军抗战。天津各大中学校和爱国团体先后组织多次专门的募捐活动，动员爱国学生和民众踊跃为前线将士捐款捐物。爱国民众的支持和声援，为长城抗战作出了积极贡献。

九一八事变后，日本军国主义者不断扩大战争态势，把矛头指向华北。图为日军飞机在长城一带进行侦察挑衅。

原北洋政府国务总理熊希龄
（桌上站立者）前往长城抗战前
线慰问第二十九军抗日将士。

1933年初，日军向长城各关
口发起进攻。国民革命军第二十
九军奋起御敌，长城抗战爆发。
图为第二十九军军长宋哲元
（1895—1940）。

国民革命军第二十九军骑兵开赴喜峰口

第二十九军将士在长城上严阵以待

第二十九军在喜峰口与古北口之间的罗文峪布防，阻击来犯之敌。

天津南开中学师生赴前线慰问长城抗战将士

天津爱国女青年踊跃缝制军衣，支援东北抗战前线将士。

四、发起和促成察哈尔抗战

1933年初，共产党员吉鸿昌按照中共华北政治保卫局负责同志的指示，主动同爱国将领冯玉祥、方振武等联络，于5月26日成立了以国民军旧部为基础的察哈尔民众抗日同盟军，并通电全国，主张联合抗日，收复失地。华北的中共各级组织对抗日同盟军给予大力支持，中共河北省委先后派遣近三百名共产党员加入同盟军，以加强同盟军的领导力量；天津各级中共地下组织一方面动员爱国青年纷纷奔赴张家口，加入同盟军抗击日军侵略，一方面积极组织爱国民众和学生捐款捐物，支持抗日同盟军。在全国抗日救亡浪潮的积极影响和中国共产党的大力推动下，从1933年6月开始，同盟军接连收复日伪军占据的沽源、宝昌、康宝、多伦等军事重镇，给日本侵略者以沉重的打击，极大地鼓舞了全国军民的抗战勇气和信心。

察哈尔民众抗日同盟军将领冯玉祥、吉鸿昌（背对者）、方振武（右一）在研究部署进攻多伦。

1933年，察哈尔民众抗日同盟军第一次代表大会合影(前排左起第四人为吉鸿昌)。

察哈尔民众抗日同盟军在第一次代表大会后举行阅兵式

吉鸿昌检阅察哈尔民众抗日同盟军时发表演讲

攻克多伦城后，当地民众欢迎察哈尔抗日同盟军入城。

多伦民众观看察哈尔民众抗日同盟军张贴的布告

民众救护察哈尔抗日同盟军伤病员

　　天津扶轮中学师生在中共天津地下组织的领导下，始终走在抗日救亡斗争的前列。图为1933年天津扶轮中学师生为察哈尔抗战将士捐赠的钢盔和铁甲。

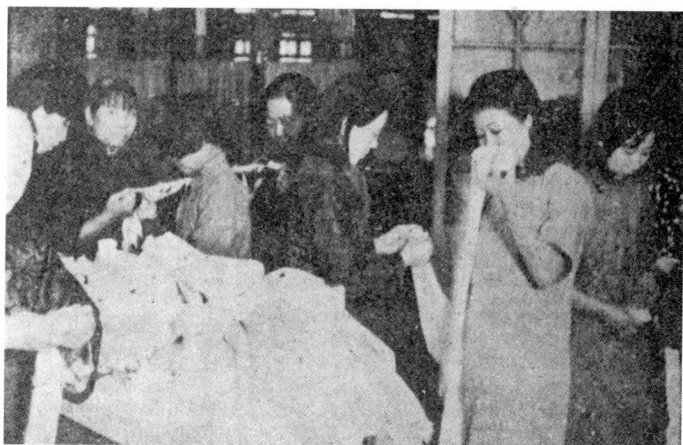

天津南开中学女生部学生为察哈尔抗战将士缝制绷带

五、响应一二·九学生运动

　　1935年12月9日，为抗议日本侵略者对华北地区的侵略和渗透，挽救华北的危局，在中共北平临时工作委员会的领导下，北平爆发了震惊全国的一二·九学生爱国运动。天津爱国学生在党组织的发动和领导下迅速起来响应，12月18日，举行了规模宏大的抗日爱国游行，并前往国民党天津市政府请愿。一二一八大游行冲破了国民党当局的压制，表达了天津学生强烈的爱国精神，唤醒了各界群众的抗日救亡热情，有力地推动了天津抗日救亡活动的发展。为将学生抗日救国活动引向深入，1935年12月底，中共中央北方局和河北省委指示平津学生联合会组建平津学生南下扩大宣传团，到农村去唤起民众共同抗日救亡。从1936年1月2日至21日，历时20天的南下抗日宣传，期间虽然遭到国民党军警和特务的干扰，但沿途撒播了抗日救亡的火种，也使爱国学生经受了锻炼和考验。

1933年6月1日，天津《大公报》对《塘沽协定》签订情况进行报道和评论。

1933年5月31日，在日本的逼迫下南京国民政府与其签订《塘沽协定》，使日本占领东北三省和热河合法化，同时将冀东划为"非武装区"，导致华北地区门户洞开，平、津受到直接威胁。图为《塘沽协定》谈判场景。

日本军国主义者为进一步染指华北地区，于1934年7月向国民政府提出"日本在华北地区拥有特殊地位"的要求，并阴谋策划"华北自治"。面对侵略者的咄咄紧逼，南京国民政府仍然推行妥协退让政策，1935年6月，国民党北平军分会代理委员长何应钦和日本华北驻屯军司令梅津美治郎签订《何梅协定》，使华北和平、津地区主权大部沦丧。图为日本关东军庆祝《何梅协定》签订。

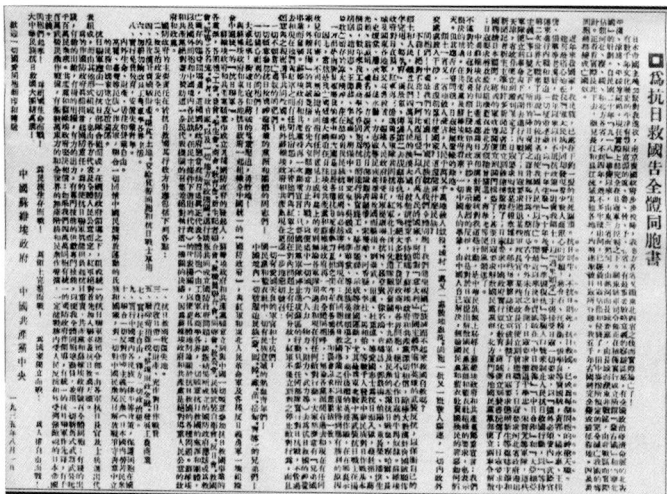

在民族危机日益严重的形势下，1935年8月1日，中共驻共产国际代表以中华苏维埃中央政府和中共中央的名义发表《为抗日救国告全体同胞书》（即《八一宣言》），提出全国人民团结一致共同抗日的主张。

延安《解放日报》刊登的有关《何梅协定》的报道

　　1933年3月，中共临时中央派田夫为中央驻北方代表，主持北方党的工作。田夫（1906—1990），原名陈铁铮，化名田夫、石心、孔原等，江西萍乡人。在北方局工作期间，曾六次主持河北省委的重建、改组、调整工作。1934年10月，田夫和河北省委机关从北平迁到天津。1935年6月，奉命调离。行前以河北省委为基础，建立中共中央北方局。

　　高文华（1904—1990），原名廖剑凡，湖南益阳人。1925 年加入中国共产党。1935 年2月任中共河北省委书记。同年6月北方局成立，任北方局书记兼河北省委书记。

杨秀峰（1897—1983），河北迁安人。1930年加入中国共产党。1934年任天津法商学院教授。天津一二一八学生运动领导人之一。1937年任天津各界救国会党团书记。

阮慕韩（1902—1964），河北怀安人。1931年加入中国共产党。曾任河北省立法商学院法律系讲师。在一二·九运动中参与组织天津学生抗日救亡运动，并在天津教育界开展抗日统一战线工作。

中共河北省委机关旧址（和平区营口道三德里21号）。上图为省委机关办公地点，下图为机关所在地正门。

　　为响应北平的一二·九学生爱国运动，1935年12月18日，天津爱国学生在地下党组织的发动和领导下举行了规模宏大的抗日救国游行，并前往国民党天津市政府请愿，有力地推动了天津抗日救亡活动的发展。图为天津学生游行场面。

一二一八天津学生游行场面。

1935年12月20日，天津《大公报》报道学生一二一八游行情况。

一二·九运动后，根据党的指示，平津学联成立平津学生南下扩大宣传团，下设四个分团，其中第四分团由天津大中学校学生组成，人员近三百人，深入民间宣传抗日救亡思想。图为1936年1月，天津南下扩大宣传团成员徒步南下进行抗日救亡宣传。

平津学生南下扩大宣传团在河北固安县进行抗日救亡宣传

1936年2月1日，在平津学生南下扩大宣传团的基础上，党领导的以抗日民主为目标的全国性先进青年群众组织——民族解放先锋队（后改名为中华民族解放先锋队，简称民先或民先队）成立。3月上旬，中华民族解放先锋队天津地方队部正式建立。随后，民先队组织迅速在天津各大中学校建立和发展起来。图为民族解放先锋队成立时的场景及成立宣言。

六、实现白区工作的重要转变

1935年12月，中共中央在陕西安定县瓦窑堡召开政治局会议，提出建立抗日民族统一战线的新政策。会后，刘少奇按照党中央指示，以中央驻北方代表的身份来天津主持北方局工作。刘少奇到天津后，认真贯彻党的抗日民族统一战线策略，系统批判了党在北方工作中的"左"倾关门主义和冒险主义错误，确立了党在白区工作的正确路线，有力地推进了抗日民族统一战线工作的开展，在天津和华北地区掀起了抗日救亡运动新高潮。

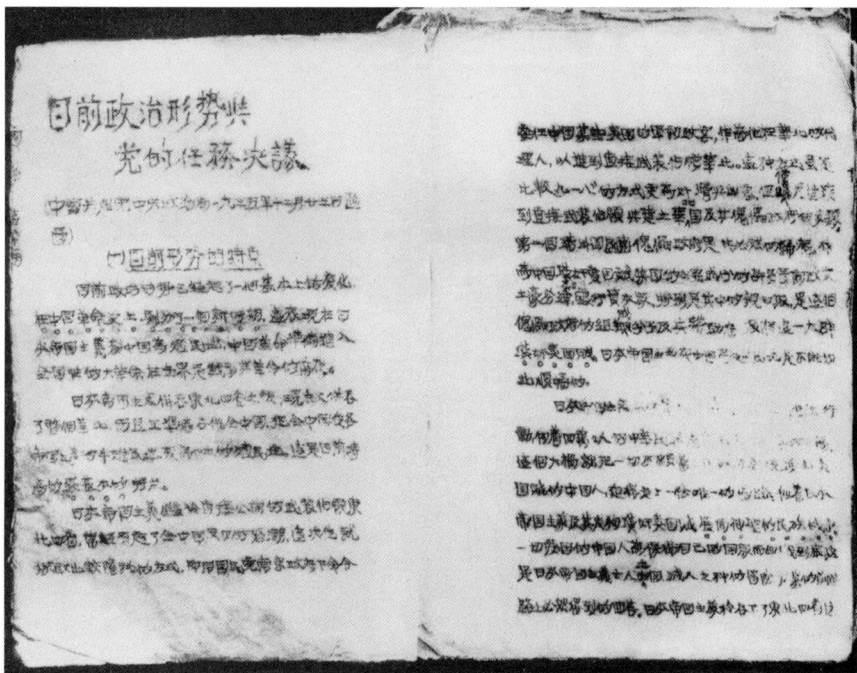

1935年12月，中共中央在陕西安定县瓦窑堡召开政治局会议，通过了《目前政治形势与党的任务决议》，确定了实行抗日民族统一战线的策略方针。

为贯彻落实瓦窑堡会议精神，1936年春，刘少奇以中央代表的身份来到天津，主持北方局工作。

中共中央北方局、河北省委出版的党内刊物《火线》《长城杂志》。刘少奇主持北方局工作后曾多次在这些刊物上发表文章，对于肃清"左"倾路线错误，指导白区工作发挥了重大作用。

中共中央北方局旧址（现和平区黑龙江路隆泰里19号）

中共中央北方局旧址纪念馆

1936年林枫在天津

林枫（1906—1977），黑龙江省望奎县人。1924年考入天津南开中学读书，1927年3月经南开中学教师范文澜介绍，加入中国共产党。1932年11月起，任中共北平市委书记兼组织部部长。1936年2月初，来津任中共天津市委书记，负责组织领导天津的抗日救亡工作。郭明秋（1917—2001），河北省涿鹿人。1931年考入直隶第二女子师范学校。1935年夏，进入北平京师公立第一女子中学（简称女一中）读书。同年，加入中国共产党，担任北平市共产主义青年团宣传部部长和组织部部长。一二·九运动后，郭明秋奉党组织派遣来天津从事抗日救亡工作。图为林枫、郭明秋夫妇在新中国成立后合影。

1936年中共天津市委机关旧址（和平区福荫里1号）

滨海新区第一个党支部建立于1934年9月。1936年2月，根据中共天津市委指示，塘沽党支部改为塘沽特别支部，由许光庭任支部书记。7月，根据形势发展，塘沽特别支部改为中共塘沽区委，由张雨帆（王金荣）任区委书记。图为滨海新区第一个党支部旧址（现滨海新区塘沽镇三槐路10号）。

　　李铁夫（1901—1937），原名韩伟鉴，朝鲜人。1928年，经共产国际介绍到中国从事革命工作，并加入中国共产党。曾任中共河北省委宣传部部长、组织部部长。1934年初，党组织安排他来天津。其间撰写了《关于党内问题的几个意见》等文章和意见书，对党在白区工作中存在的"左"倾错误提出批评，当时被错定为"右倾机会主义"言论而遭到批判。1936年6月，在刘少奇主持下，给予平反，被任命为天津市委书记，负责组织领导天津的抗日救亡工作。1937年春，赴延安参加党的白区工作会议。同年7月，在延安病逝。张秀岩（1895—1968），河北霸县东高各庄人，早年就读于天津女子师范学校，后考入北平女子高等师范学堂。1919年，在北平参加五四运动。1926年春，经郭隆真介绍加入中国共产党，任北平香山慈幼院党支部书记。1932年，任北平文化界左翼联盟党团书记。1933年，党组织派遣她到天津，任天津文化总同盟党团书记，负责组织领导天津文化系统的抗日救亡工作。图为李铁夫、张秀岩夫妇合影。

刘澜涛（1910—1997），陕西米脂人。1926年，加入中国共产主义青年团，1928年，转为中国共产党党员。1936年11月，任天津市委副书记，1937年3月，接任天津市委书记，负责组织领导天津的抗日救亡工作。

1936年至1937年，中共华北联络局通过统战工作，借用桂系反蒋人物刘绍襄的电台与延安党中央进行联系。电台设在英租界福发道永定里8号。1936年春，刘少奇主持北方局工作后，电台由北方局下属联络局负责人王世英领导，谢甫生具体负责。这个电台为保证北方局、河北省委同党中央的联系发挥了重要作用。图为电台旧址。

1936年5月28日，在中共中央北方局和天津市委领导下，天津人民举行抗日救亡大游行。

天津五二八大游行场景

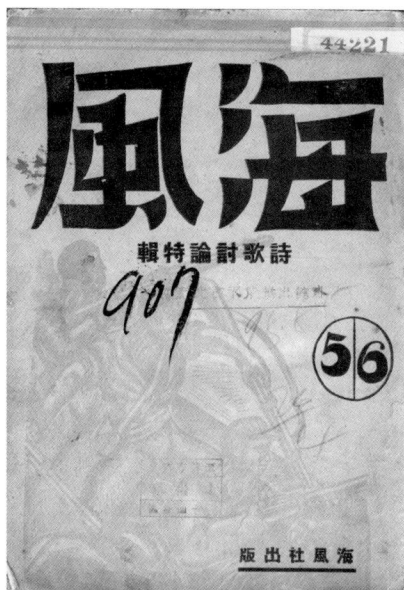

1936年6月，黄白莹、邵冠祥、简戎、邱野等发起成立了革命文学团体海风社，宣传抗日救亡思想。图为海风社出版的《海风·诗歌讨论特辑》。

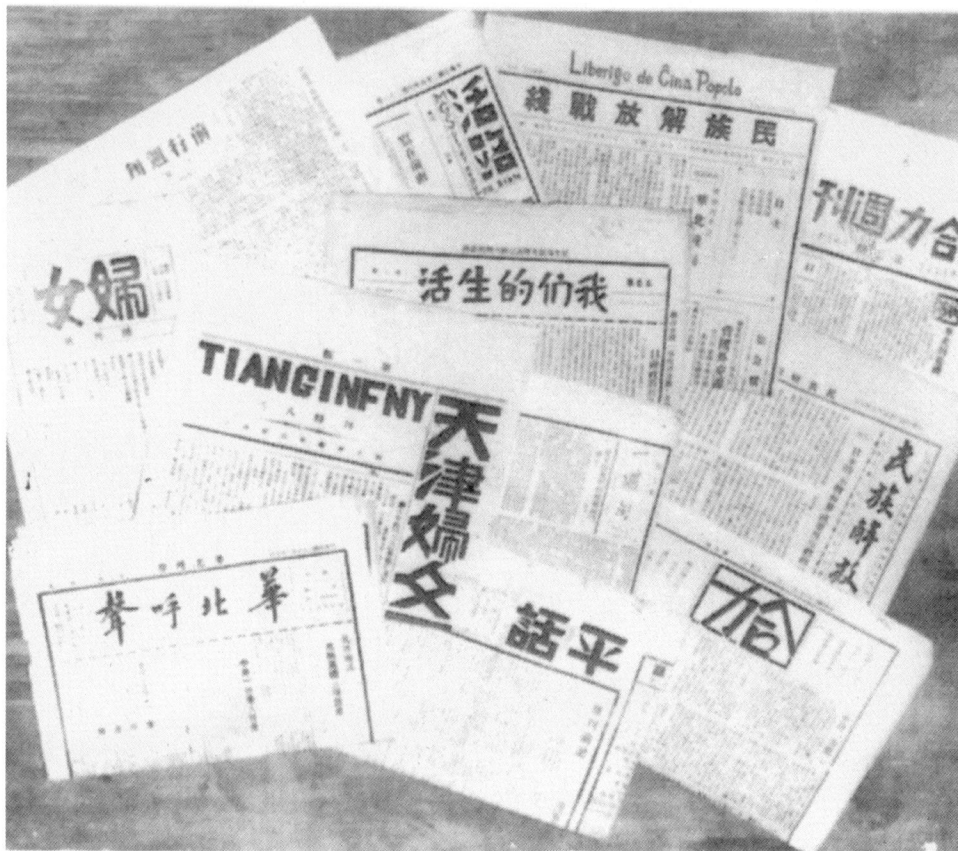

抗日战争时期平津地区出版的《天津妇女》《华北呼声》等刊物

　　1937年春，天津学生救国联合会组织北洋、扶轮、南开大学、工业学院、南开中学、女师等校学生，利用春假到近郊农村演出抗日话剧，教唱抗日歌曲，进行抗日宣传。图为南开中学学生演出抗日话剧的场面。

　　1936年夏，中共天津市委通过天津学联建立暑期义务教育促进会，组织爱国进步学生分赴天津郊区王兰庄、姜井、大小园、北仓等地，开展义务教育，宣传抗日救亡思想。图为爱国学生开展抗日救亡宣传的场面。

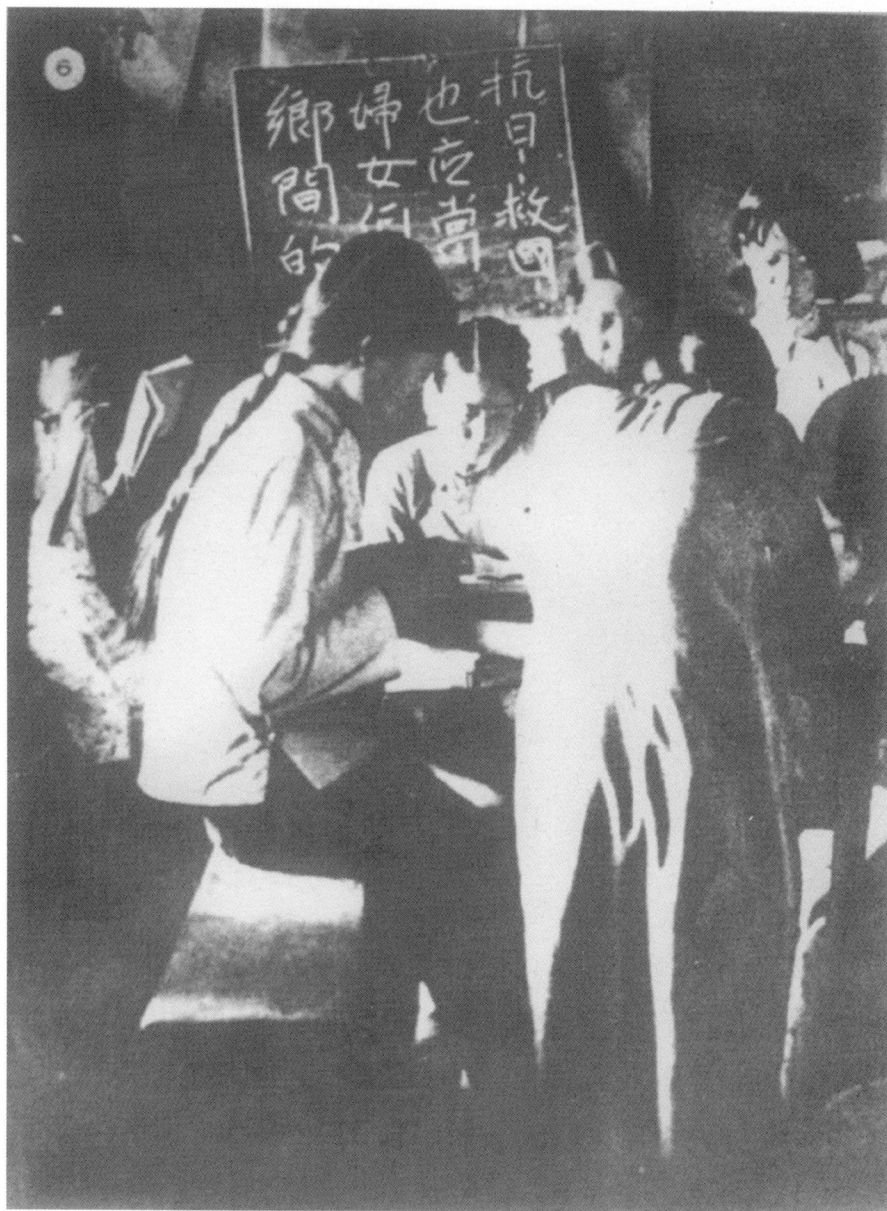

　　参加义务教育的学生在西郊（现西青区）王兰庄、小园村举办妇女识字班，宣传抗日爱国思想。

第二章 津门浩劫

◆

1937年7月7日，日军蓄意挑起七七事变，发动全面侵华战争，中华民族全面抗战从此开始。7月29日，日军分四路向天津市区发起攻击，与中国军队发生激战。由于敌强我弱，30日，天津这座华北最大的工商业城市沦陷敌手。霎时间，津沽震颤，海河呜咽。日本法西斯的铁蹄践踏着津沽大地，一场亘古未有的人间浩劫降临在海河两岸。从此，天津人民陷入日本侵略者长达八年之久的严酷统治之中。

一、重兵临城

七七事变爆发后，侵华日军一面释放和平烟雾，声称采取"不扩大方针"，以作缓兵之计，一面从国内和中国东北地区紧急调集兵力和装备运往平津地区。7月12日，日本15列兵车运载炮兵4600人到达天津，3500名日本陆军士兵乘船从塘沽登陆。7月13日，日军28架战斗机飞抵东局子机场（到7月28日日军抵津飞机达到160架）。7月17日，日军陆续由河北榆关（山海关）抵津，兵种包括炮兵、步兵、骑兵和装甲部队，并强行占领天津各火车站。21日，3艘日军军舰抵达塘沽，加上原来在渤海海面游弋的军舰，日舰总数已达10艘以上。日军已经紧锣密鼓、明目张胆地作好了向天津乃至华北地区发动全面进攻的准备。

七七事变后任华北驻屯军司令的香月清司

七七事变爆发后，大批日本军队开进天津，集中在海光寺日本兵营。

乘火车到达天津站的日军

日军步兵经法租界向海光寺进发

日军炮兵经法租界向海光寺日本兵营进发

日军骑兵穿过法租界开往海光寺

从东北地区开抵天津的日军铁甲车

停泊在塘沽的日本军火运输船

二、天津沦陷

　　1937年7月29日，日军分四路向天津市区发动攻击，驻守天津的国民革命军第二十九军三十八师和天津保安队与日军展开激战。日军出动飞机对国民党天津市政府、警察局、法院和南开大学、火车站等地进行狂轰滥炸。由于敌强我弱，30日夜，三十八师和天津保安队被迫相继撤离，天津沦陷。

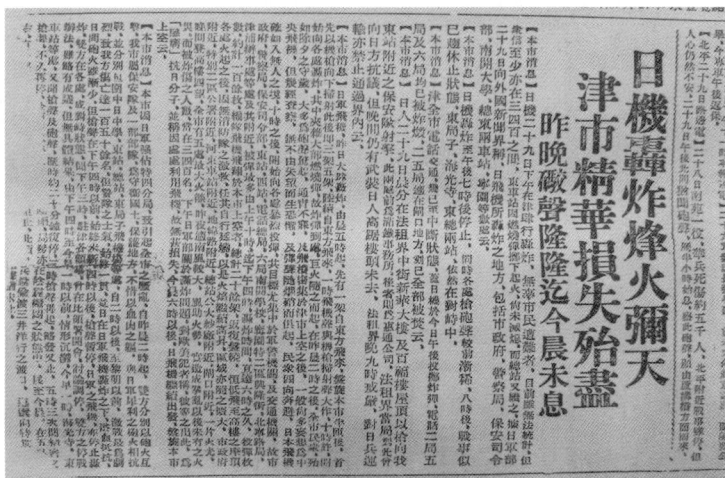

1937年7月30日，《大公报》刊登的日军飞机对天津进行野蛮轰炸的报道。

被日军炸毁的国民党河北省政府（现金钢公园）所在地

　　为防止日军继续增兵，国民革命军第三十八师某部攻占并控制天津站。1937年7月29日和30日，日军出动飞机对天津站及附近地区进行了野蛮轰炸。图为天津站及附近地区被炸后起火的情景。

被日军飞机炸毁的工厂

被日军飞机炸毁的北马路一带商铺

被日军飞机炸毁的南开大学秀山堂

日军大举进攻天津时，天津各国租界立即采取防范措施自保安全。图为英租界当局在体育场（现民园）地面铺设的国旗标志，以防日机误炸。

南开中学、南开女中、南开小学被侵华日军轰炸纵火损失图录

图例

被炸毁或焚毁的校舍

北

比利时商电车公司

工艺教室

一斋宿舍（北楼）

三斋宿舍

二斋宿舍

东楼

瑞庭礼堂

食堂

中楼

花园

花孙楼

四斋宿舍

七斋宿舍

五斋宿舍

六斋宿舍

牛肉馆

洗澡房

院洗室

未被轰炸部分，经八年占领，亦损毁殆尽，战后重建。

被侵华日军飞机轰炸区

西楼

南楼

大操场

同仁里南开教职工宿舍

棒球场

冰球场

足球场

南开女中

南开小学

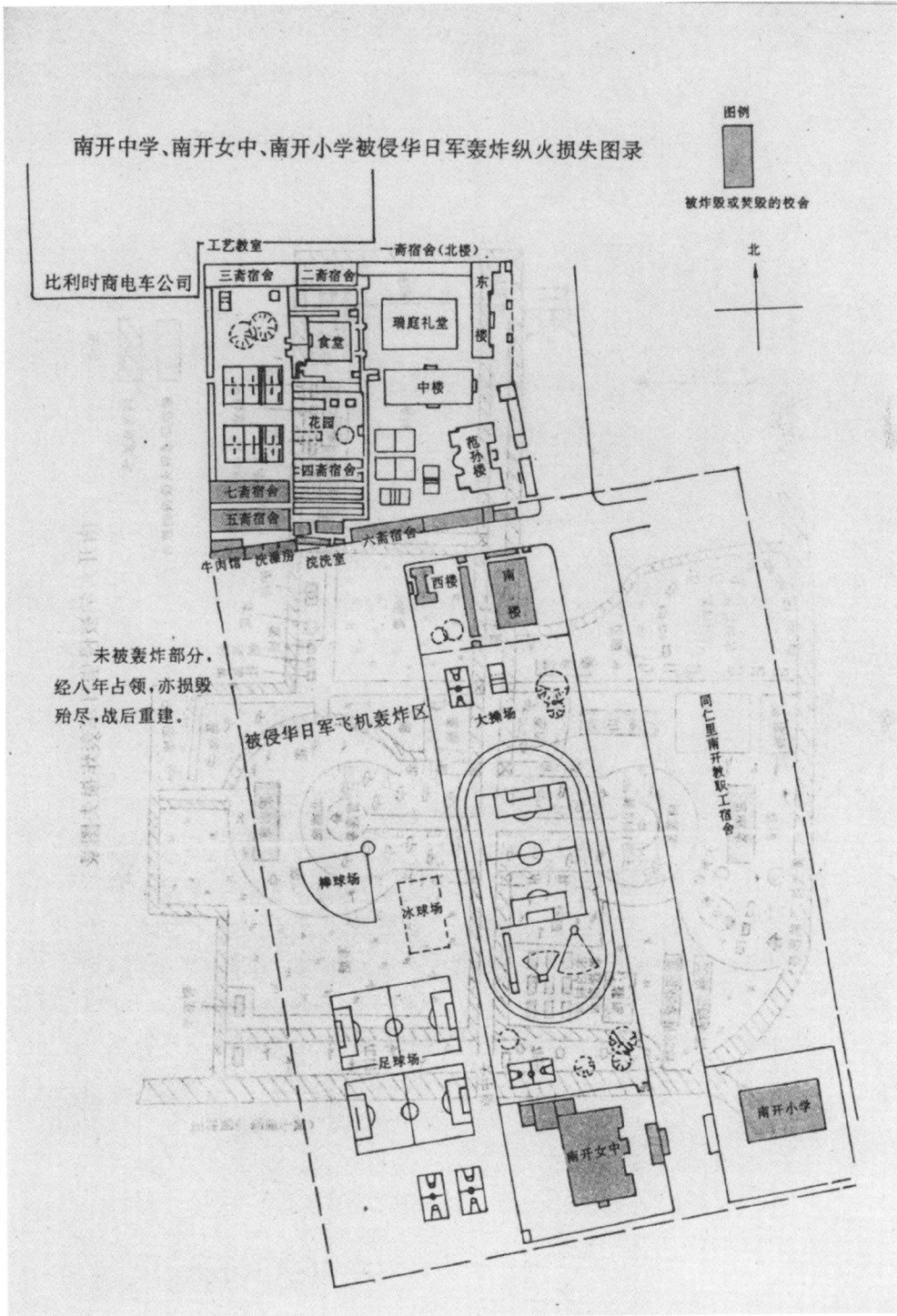

图为南开中学、南开女中、南开小学被日军轰炸损失图。

难民通过万国桥进入法租界

八里台一带居民寄居在墙子河（现卫津河）岸边，以躲避轰炸。

红十字会向难民发放食物

红十字会在河东临时搭建的安置难民的窝棚

三、伪政权建立

　　日军占领天津后，在政治上实行"以华制华"的方针，于1937年8月1日扶植成立了傀儡政权——天津市治安维持会。在日军强占天津的八年间，伪政权曾经历了天津市治安维持会（1937年8月1日—1937年12月16日）、天津特别市公署（1937年12月17日—1943年11月14日）和天津特别市政府（1943年11月15日—1945年10月初）三个阶段，在日本侵略者操纵下实行各种统治手段，给天津人民带来无比深重的灾难。

张贴在报栏中的日本华北驻屯军司令香月清司发布的占领天津的第一号令

1937年8月1日，由日军操纵控制的汉奸政权——天津市治安维持会成立，高凌霨任维持会会长。图为维持会成立时其骨干分子同日军军官合影。

1938年8月1日，天津新民会成立时的情景。

高凌霨（1868—1940），天津人，清末举人，中华民国时期的政客。曹锟任大总统时，曾任代国务总理。抗日战争时期，投靠日本，沦为汉奸。1937年8月1日，任天津市治安维持会会长。1937年12月17日，天津市治安维持会改组为天津特别市公署，高凌霨继任特别市公署市长。1940年，高凌霨在北平病死。

温世珍（1877—1951），天津人，天津水师学堂（旧址在天津市河东区成林道东局子1号，现解放军军事交通学院）毕业，曾留学英国，中华民国时期的政客。抗日战争时期，投靠日本，沦为汉奸。1939年3月至1943年1月任天津特别市公署市长。1951年被人民政府以汉奸罪处决。

王绪高（1890—1951），山东蓬莱人，北洋高等警务学校毕业，中华民国时期的政客。抗日战争时期，投靠日本，沦为汉奸。1943年3月至10月任天津伪市长，1951年被人民政府以汉奸罪处决。

周迪平（1895—？），山东金乡人，青岛大学毕业，中华民国时期的政客。抗日战争时期，投靠日本，沦为汉奸。1945年3月至8月任天津市伪市长，是天津伪政权的最后一任市长，抗战胜利后被捕判刑。

1937年12月，天津市治安维持会改名为天津特别市公署。

图为改名后的天津特别市公署警察局。

伪新民会保甲团在进行体操训练

四、天津事件

七七事变爆发后，日军占领了天津，但未能进入英、法租界，因此很多爱国抗日团体以英、法租界为掩护，继续与日本侵略者进行斗争。驻津日军甚为恼火，遂于1938年12月19日起封锁了英租界，又于1939年1月1日起封锁了法租界，日军在两租界的周围架设了铁丝网，对出入行人严格盘查，这是日军对英、法两租界的第一次封锁，一直持续到1939年2月8日。两个月后，在英租界发生了抗日杀奸团刺杀伪中国联合准备银行天津支行经理兼伪天津海关监督程锡庚事件，日军与英租界当局多次交涉，在要求引渡"凶手"遭英租界当局拒绝的情况下，日军于1939年6月14日起第二次封锁英、法租界。后英、日两国在东京举行谈判，英方妥协，1940年6月20日，日军解除对英、法租界的封锁。日军两次封锁英、法租界，史称"天津事件"，日本人称之为"天津租界事件"。1941年12月8日日本发动太平洋战争后，驻津日军立即占领了英、法租界，并将一些外国侨民送进集中营。

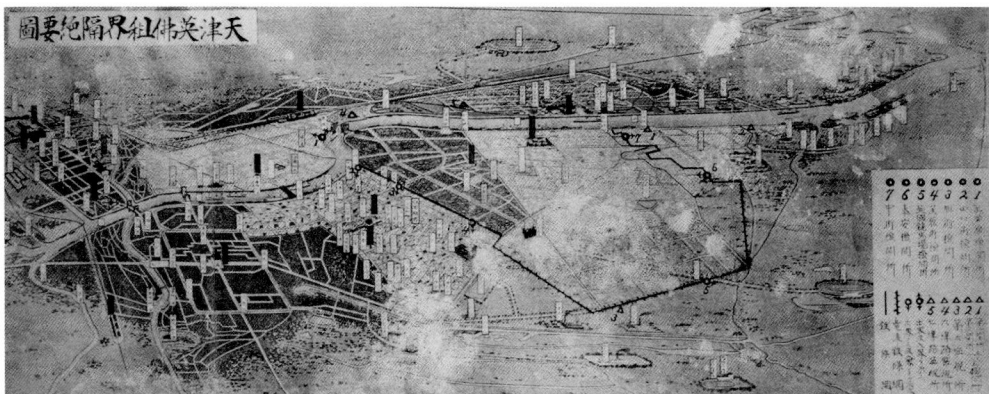

天津英、法租界隔绝要图

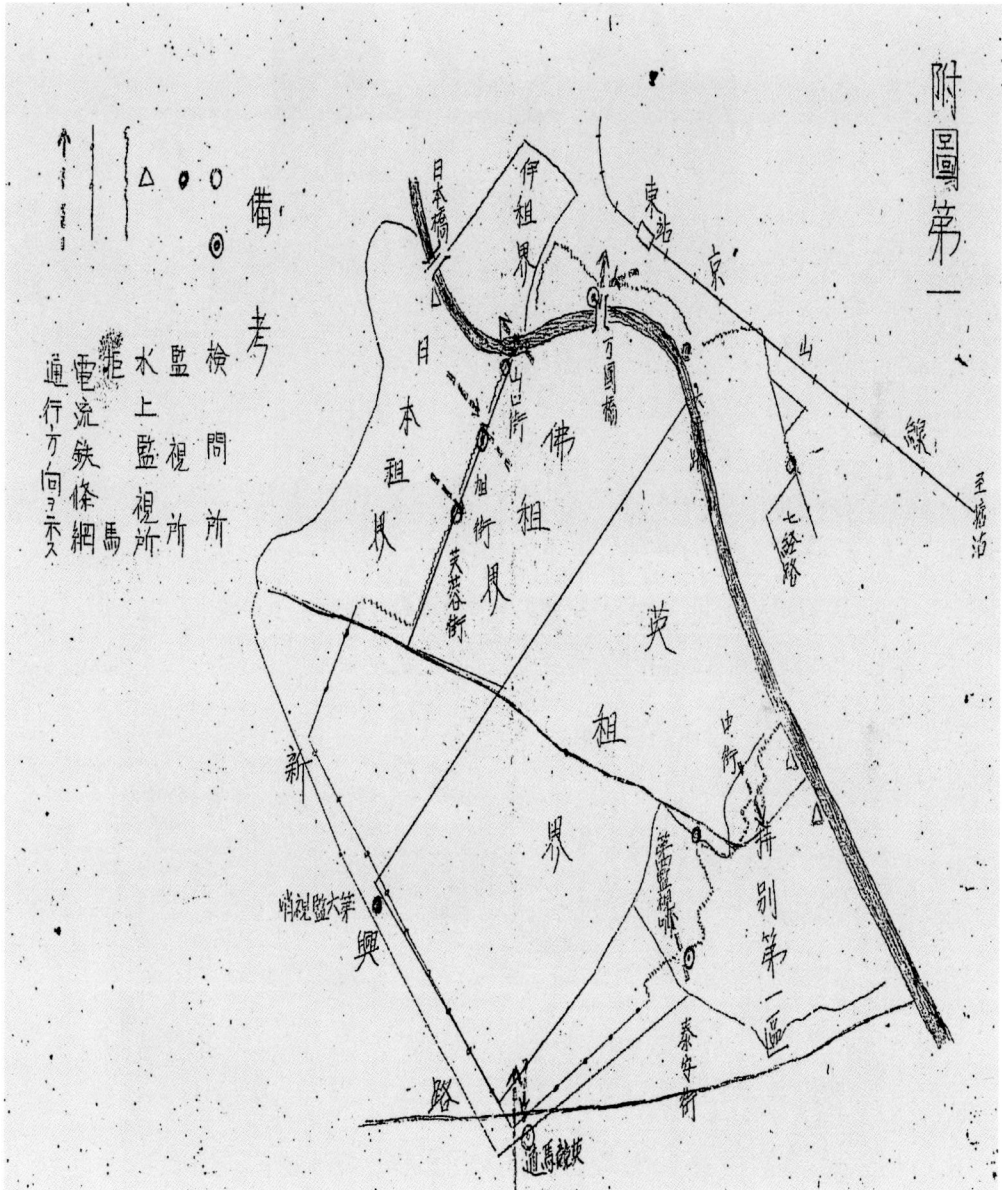

日军封锁英、法租界时期租界通行示意图

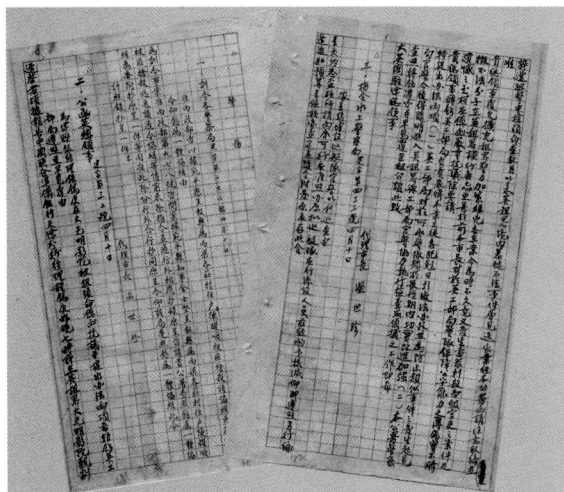

1939年4月10日，天津特别市公署致函英总领事，要求缉拿刺杀程锡庚的主从犯并引渡给日伪当局。

日方对封锁英、法租界的宣传报道

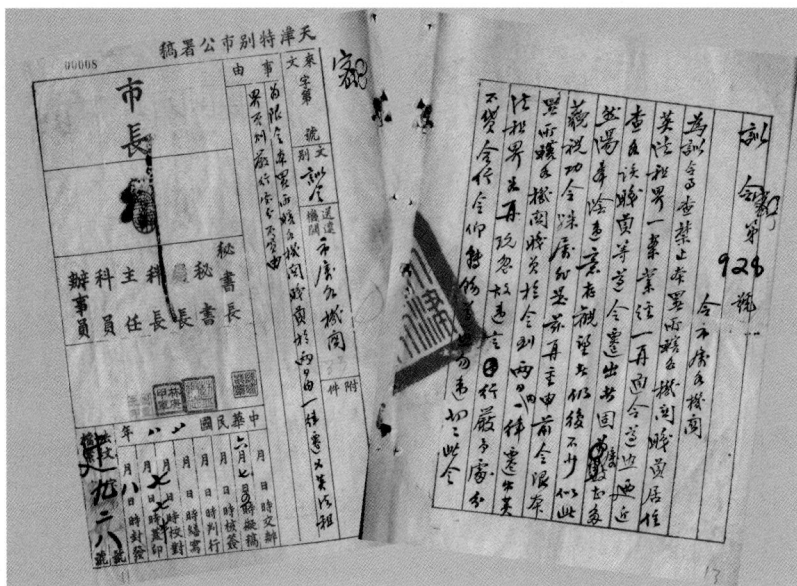

由于日军封锁英、法租界，1939年6月天津特别市公署发文要求市属各机关职员全部迁出英、法租界。

设在日、法租界交界处的铁丝网封锁线

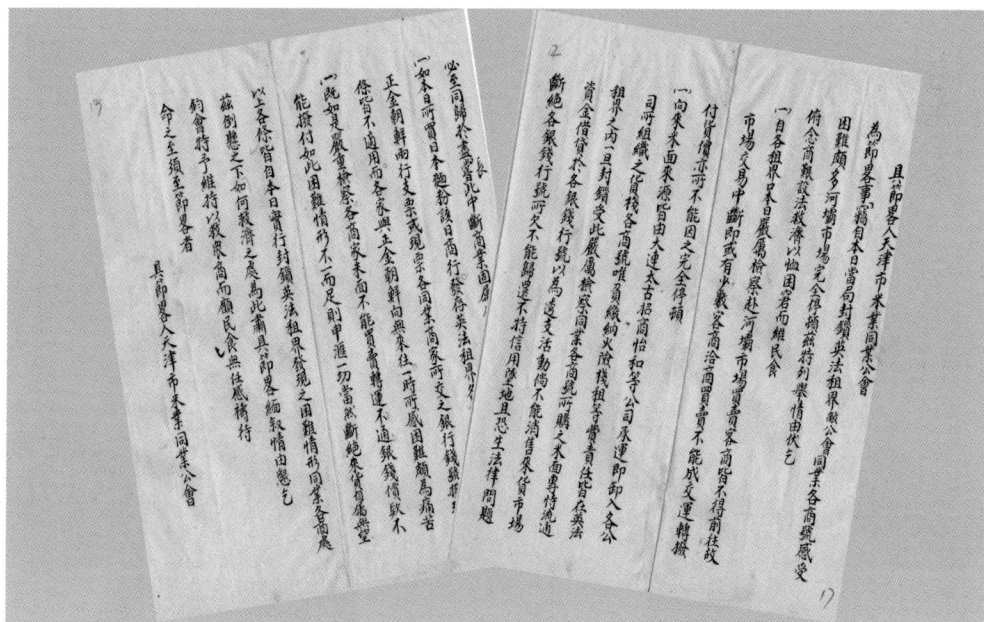

日伪当局封锁英、法租界，造成租界内市场萧条、民生艰难。1939年6月14日，天津市米业同业公会请求天津商会救济支援。

设在英、法租界交界处的日军检查站

1938年12月19日日军封锁英租界后，在英、法租界交界处（现解放北路与营口道相交处）设立检查站，盘查过往人员。

日军在检查过往行人

日军在检查货品

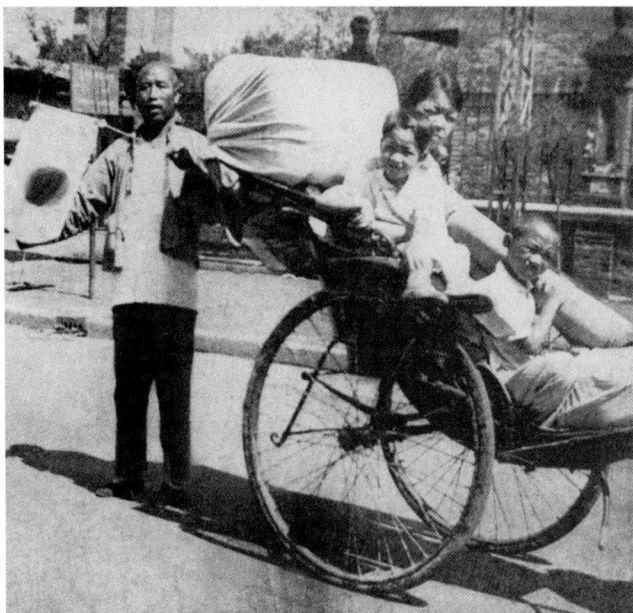

中国百姓通过日军检查哨时必须打开日本太阳旗和良民证,接受日军盘查。

1941年太平洋战争爆发后,驻津日军接管了英、法租界。图为日军进驻英租界时得意扬扬的情景。

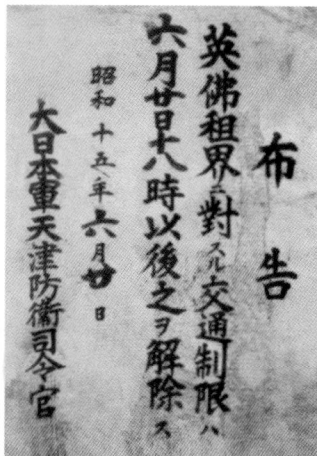

1939年2月8日，日军司令部张贴的解除英、法租界封锁的布告。

1940年6月20日，日军司令部张贴的解除英、法租界封锁的布告。

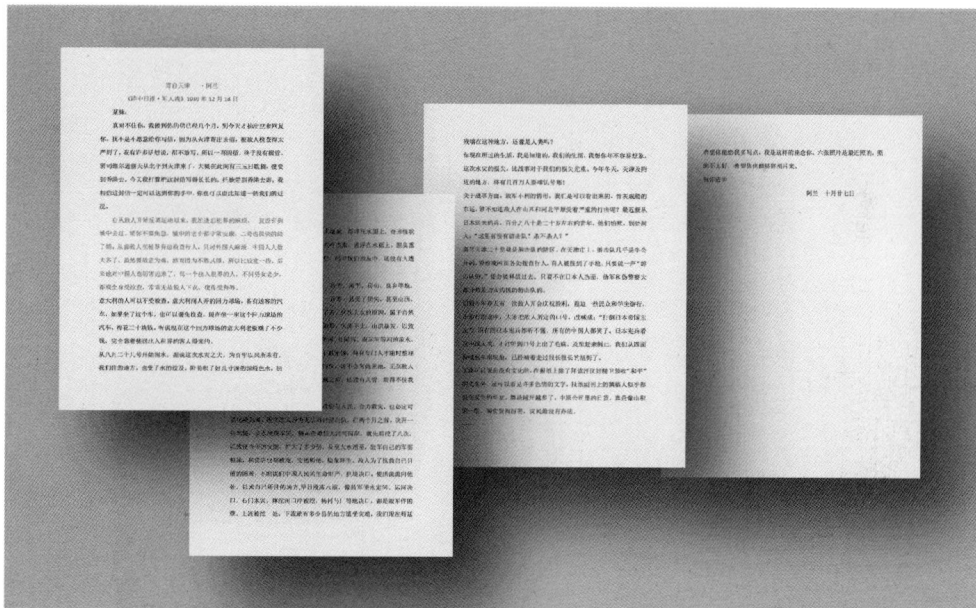

署名"阿兰"的作者在《阵中日报·军人魂》杂志上发表文章，记述了天津沦陷时期市民生活的艰辛和日军封锁英、法租界，对过往行人严格检查的情形。

五、治安强化运动

治安强化运动是日本侵略者为巩固其在华北统治，把天津变成"大东亚圣战"的"兵战基地"，于1941年3月至1942年12月在天津和整个华北地区推行的全面实施法西斯统治的运动。治安强化运动先后共实施了五次，给天津人民带来无以言状的深重灾难，使抗日根据地和党的城市工作进入异常困难时期。

日伪当局在中国大戏院召开的治安强化运动宣讲会

天津伪新民会召开治安强化运动动员大会

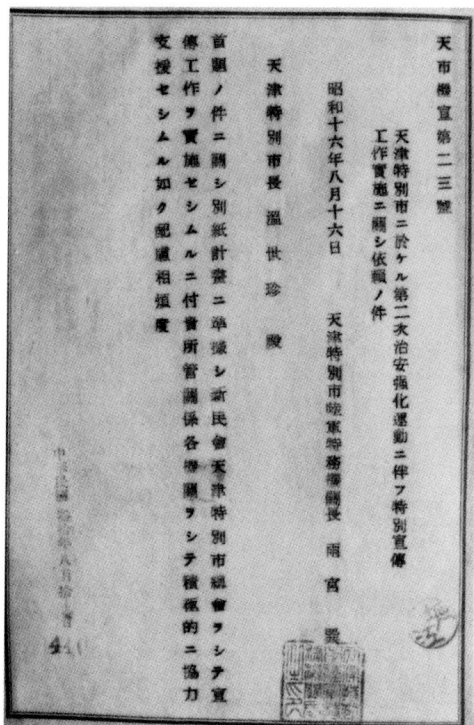

天津日本特务机关长雨宫巽
关于推行第二次治安强化运动有
关问题致伪市长温世珍的信。

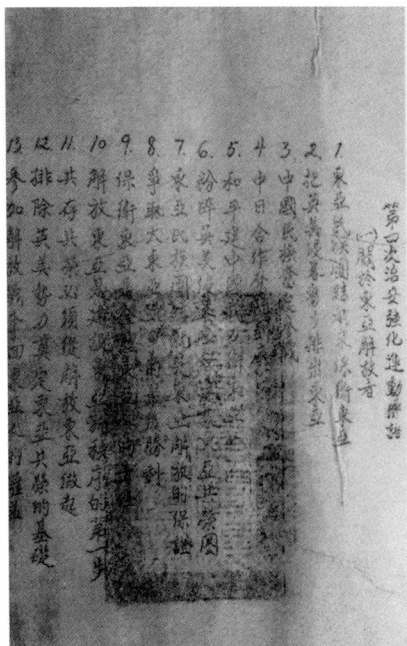

1942年3月30日至6月15日，日伪当局推行了第四次治安强化运动，其目的是以所谓"东亚解放"为目标，厉行"剿共自卫"，建立"大东亚共荣圈"。图为日伪当局拟定的第四次治安强化运动宣传标语。

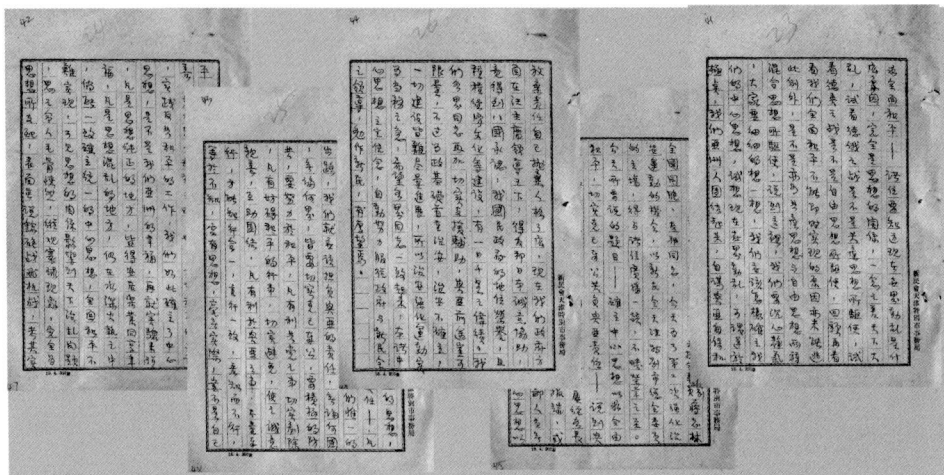

1941年7月7日至9月6日，日伪当局推行了第二次治安强化运动，主要做法是对市民发放居民证、进行大检查，成立"剿共工作班""反共视察班""警探网"等机构，镇压抗日救亡运动。图为新民总会天津特别市总会在第二次治安强化运动中使用的广播稿。

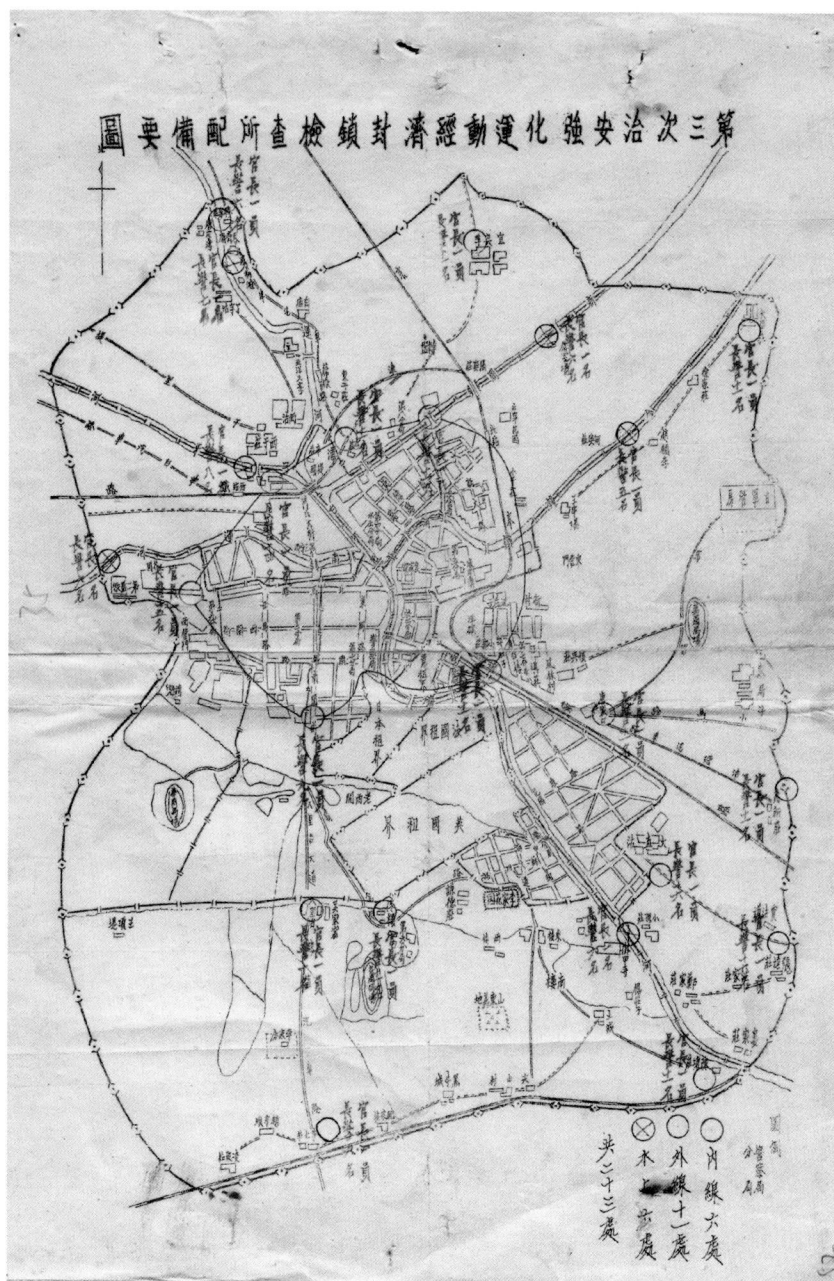

第三次治安强化运动经济封锁检查所配备要图

1941年11月1日至12月25日，日伪当局推行了第三次治安强化运动，主要做法是加强对抗日根据地的经济封锁和对占领区的经济掠夺，以保证其所谓"大东亚战争兵站基地"的军事需要。图为天津第三次治安强化运动期间日伪当局设置的经济封锁检查所的警员配备图。

日伪当局纠集汉奸举行的所谓市民大会为治安强化运动打气

治安强化运动期间日伪当局在市区街头张贴的所谓"大东亚圣战地图"

治安强化运动期间日军巡逻艇在海河上游弋

治安强化运动期间日军派驻武清县（现武清区）的小分队

治安强化运动期间日伪军在盘山抗日根据地周边设置的铁丝网

治安强化运动期间蓟县被日军烧毁的村庄和房屋

第五次治安强化运动期间被日军烧毁的蓟县盘山少林
寺遗址

第五次治安强化运动期间，驻平谷县日军为了寻找八路军的物资，在蓟县
五盆沟村杀害胡子刚全家13人和其他村民3人。图为蓟县五盆沟村惨案遗址。

六、经济掠夺

　　日军占领天津期间，采取"以战养战"政策，对天津经济进行了洗劫式的掠夺，以维持其侵华战争的军需。在工业方面，对凡稍具规模的工厂企业一律进行军事管理，并实行严格的物资统制；在农业方面，成立了华北垦业公司、米谷统制协会，垄断了天津周边农村的农业生产和产品销售，规定所有稻米全部充作军用，禁止国人私自买卖、囤储，贩运者没收并罚款，严重者处死；在金融方面，为了促进所谓"日满华经济一体化"，成立了伪中国联合准备银行，强行吞并了华北地区中国原有银行，并发行了与日元有联系且等值的货币，以取代中国法币，使之成为华北唯一合法的纸币。为了筹集战争军费，还以日本国名义发行了多种公债。此外，日本侵略者所到之处，将大量日本钞票和军用票在占领区强行流通。日本侵略者凭借这些废纸掠夺了中国人民的大量财富。

　　永利碱厂是实业家范旭东于1917年创办的中国第一个制碱厂。1937年天津沦陷后，日军提出与永利碱厂"合作"，遭到范旭东等人的断然拒绝，之后，日本侵略者强行占领了该厂。图为被日军占领期间的永利碱厂。

　　为加紧控制和掠夺华北钢铁资源，日本国务大臣藤原到天津华北制铁所查看钢铁生产情况。

　　棉花是日本侵略者在华北地区进行掠夺的重要军需物资之一。图为日本侵略者将从华北地区掠夺的大批原棉源源不断地从天津港口运回日本。

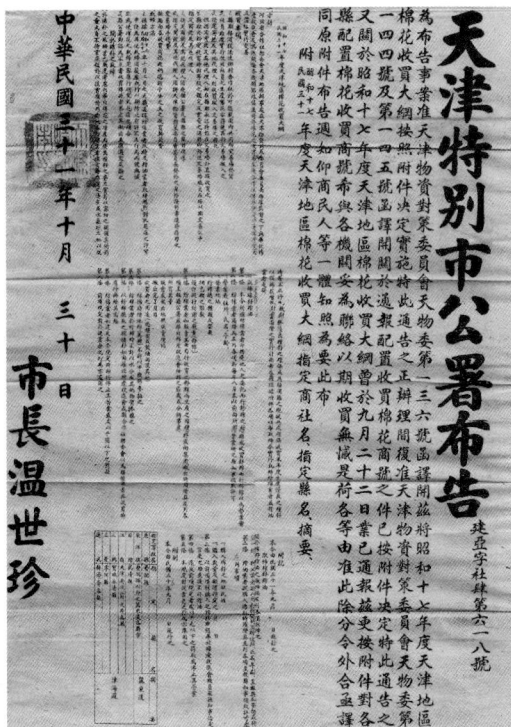

1942年，伪天津特别市公署制定公布的《棉花收买大纲》。

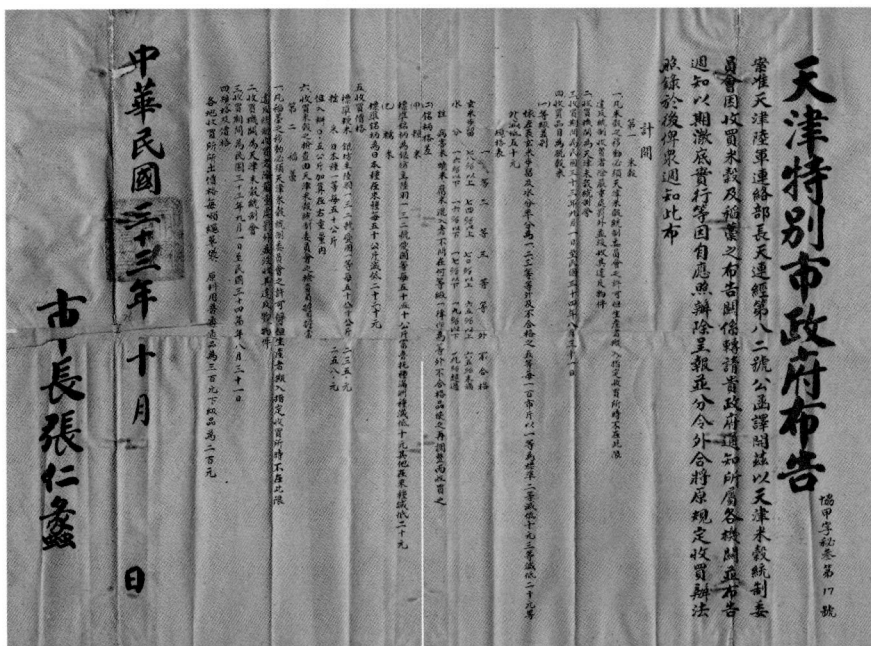

天津米谷统制委员会制定公布的《收买米谷及稻藁规定办法》

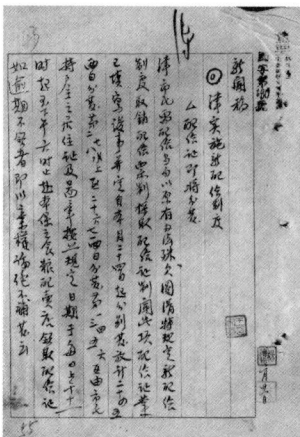

天津分发配给证及实施
新配给制度的新闻稿

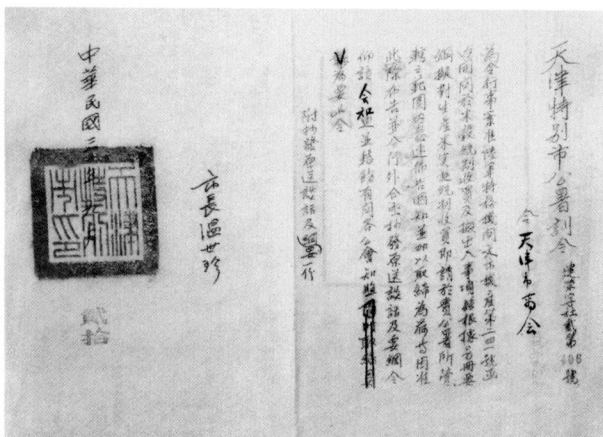

1941年就米谷统制问题伪天津市公署市长温世珍致
天津商会的训令

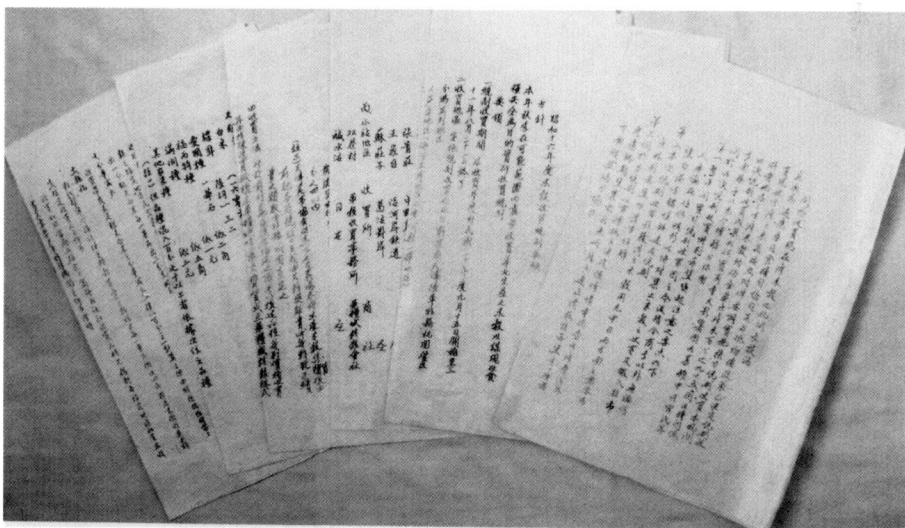

　　1941年9月15日，伪天津市公署实行"配给制"和"物资统制"，规定"米谷统
一收买"，粮食统一由"粮谷会社"和产米区的警察所强制收买。图为1941年日伪政
权关于收购稻米的谈话记录。

宣傳稿
津市府函
津市府為協力大東亞戰爭促進獻納銅鐵運動起見前已成立收集銅鐵物品委員會辦理收集銅鐵物品事宜

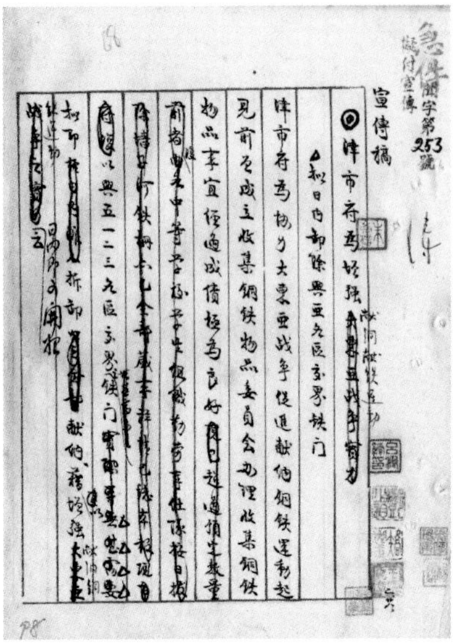

日伪当局要求卸除各区交界铁门进行献纳的宣传稿

獻一架飛機，多接近一步勝利。
多獻一架飛機，多一層必勝的信念。
多獻一架飛機，多一層獲勝的把握。
努力獻機獻金是參戰國民應有的表現。
飛機是完遂戰爭確保勝利的工具。
努力獻機獻金等於努力從事飛機的增產。
努力獻機獻金就是致力擊滅英美。
努力獻機獻金就是致力爭取解放。
努力獻機獻金就是致力完遂戰爭，
努力獻機獻金就是致力興華保亞。

日伪政权拟定的献纳运动宣传口号

天津特別市聖戰獻金運動總會天津市商會分會關聚棧貨業同業公會支會獻金清單

商號名稱	負責人姓名	住址	獻金數目	備考
		興亞三區戈登路	五元	
		針市街福康里	五元	
		興亞三區五號路	五元	
		針市街二十五號	五元	
		[illegible]	五元	
		糧店街十一號	五元	
		興亞三區三號路	五元	
		興亞三區寶華里	五元	
		曲店街二十一號	五元	
		興亞三區三十三號路	五元	
		興亞三區寶華里	五元	
		興亞三區廣東路	五元	
		興亞三區戈登路	五元	
		興亞三區二十九號路	五元	
		曲店街十九號	五元	
		天津特別市[illegible]同業公會	五元	
		針市街二十五號	五元	
		針市街	叁元	

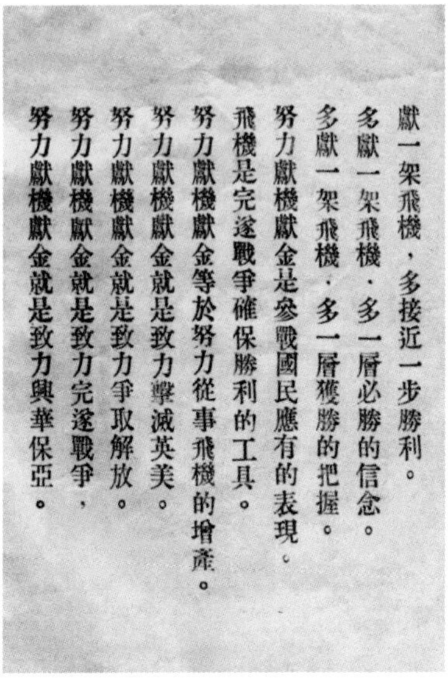

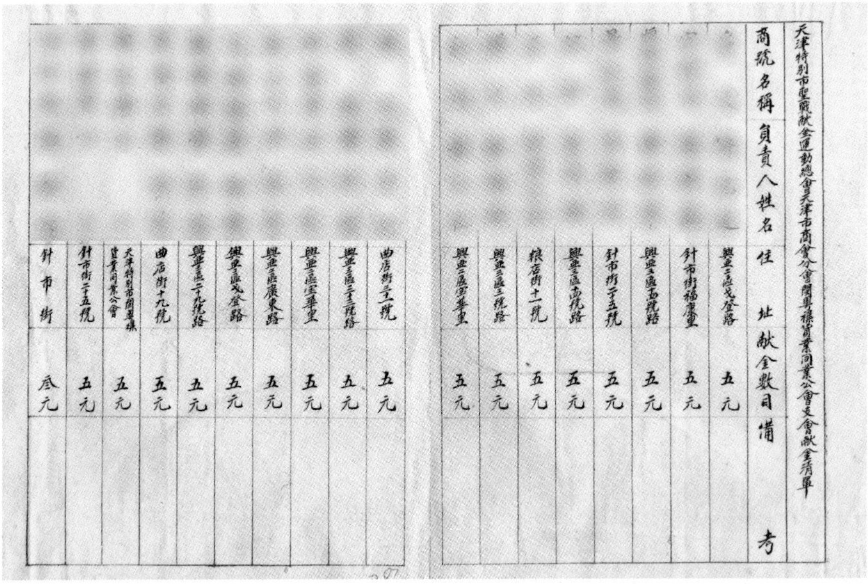

天津各店铺被迫向日本侵略者献金清单

天津日伪当局设立的献纳场所

日军强迫天津工厂联合会捐献的飞机

骨瘦如柴的中国劳工

日本监工在工地上监视中国工人做工

从日本回国劳工统计表

抗战结束后，搭载返国劳工的轮船在塘沽靠岸。

伪天津联合准备银行编印的华北经济调查统计资料，为日军提供经济情报。

日伪当局发行了"联银券"钞票，流通华北各地，为日本侵略者"以战养战"服务。图为当时发行的钞票。

太平洋战争爆发后，日本政府发行的"大东亚战争特别国库债券"。

七、奴化教育

日军占领天津期间，为巩固其所谓的统治秩序，大肆推行殖民主义文化，对市民群众进行奴化教育。日伪当局对新闻出版严加"统制"，并通过学校和社会教育，极力散布奴化思想。他们把青少年作为奴化教育的重点，通过删改教科书，篡改中国地图，强化日语教育、媚日教育和封建伦理教育等方式，麻痹和摧残人民群众的反抗意识。

日伪当局要求学校、商店在所谓"保卫东亚纪念日"和"国府参战纪念日"悬挂日本国旗的通知。

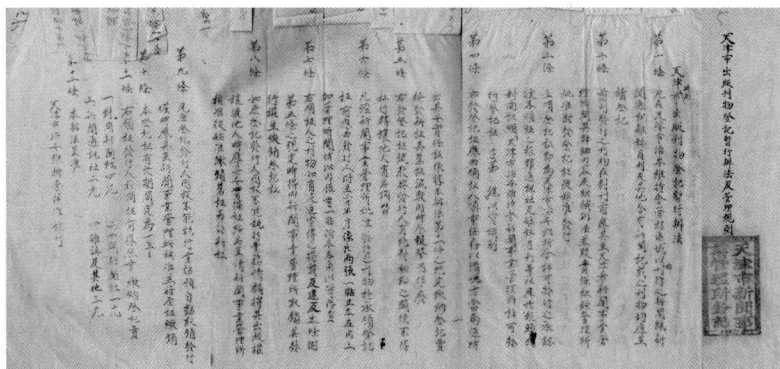

1937年8月，天津市治安维持会颁行的《天津特别市出版刊物登记暂行办法》。

为在天津推行奴化教育，日军华北联络官盐泽清宣来津视察中学。

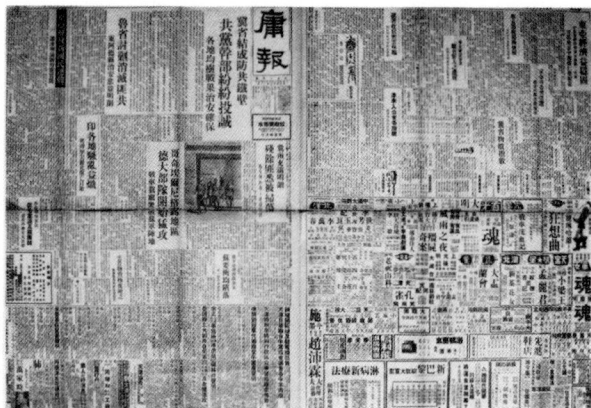

1942年出版的被日本人控制的天津《庸报》

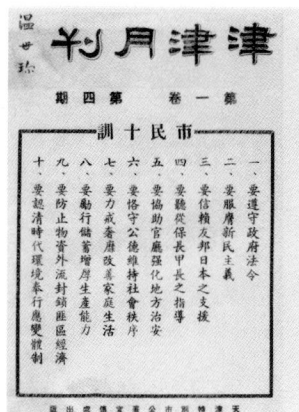

刊登在《津津月刊》上的所谓"市民十训"

驻津日本特务机关长雨宫巽在津参观儿童画展

为推行奴化教育，伪天津海关道举办了数期日语教员培训班。

天津日伪当局在学校组织的"新民青少年团"在街头进行反动宣传游行

日伪当局召开的所谓中日满经济恳谈会

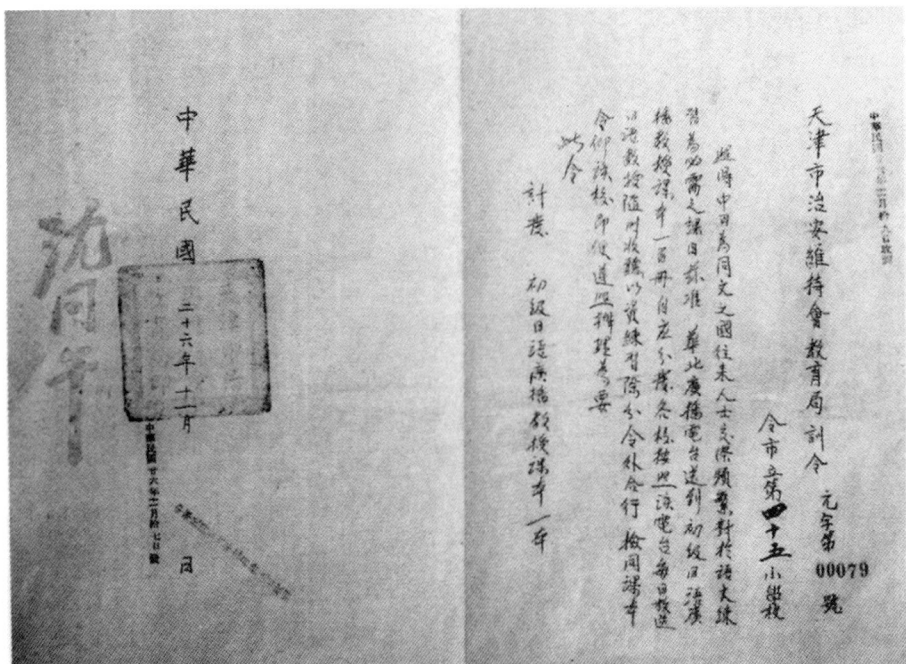

天津市治安维持会教育局下达的开展"日语广播教授训令"

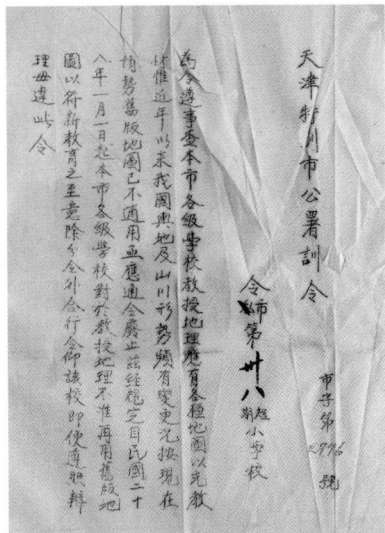

天津特别市公署强令学校废止旧
版地图改用新版地图

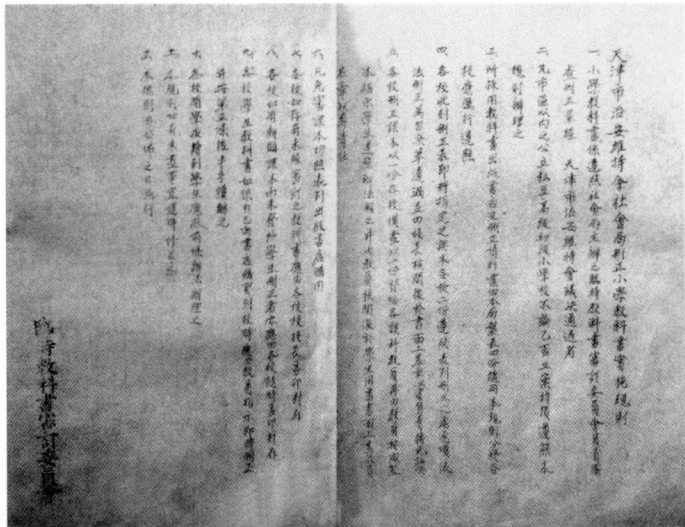

天津市治安维持会社会局下达的《删正小学教科书实施规则》

八、百姓涂炭

九一八事变后，日本军国主义者为实现其独霸中国的野心，在军事上猖狂进攻，在政治上推行殖民统治，在经济上疯狂掠夺，给苦难深重的中华民族造成了空前未有的浩劫。与此同时，灭绝人性的日本侵略者还时常无端抓捕、奴役和杀害无辜百姓。在天津，日军的暴行给天津民众造成极大的痛苦和创伤，百姓过着牛马不如的悲惨生活。

1936年春，天津海河河面不断发现浮尸。据报纸披露，日军招募大批中国民工为他们修筑飞机场、营房、仓库、指挥所等军事设施，竣工后，为了达到保密和拒付民工工钱的目的，残忍地将参与施工的中国民工打昏，然后用大口径下水道冲入海河，制造逆水死亡的假象。仅仅在1936年4月至6月，就从海河中打捞出中国民工尸体二百余具。1937年5月，日军又以同样的手段再次残杀中国民工，至1937年10月又有百余具尸体陆续浮现在海河河面上，制造了骇人听闻的"海河浮尸案"。图为天津《大公报》关于"海河浮尸"的报道。

汉奸袁文会在津成立大东公司，专为日军强征"劳工"效力。图为在大东公司院内被抓的"劳工"。

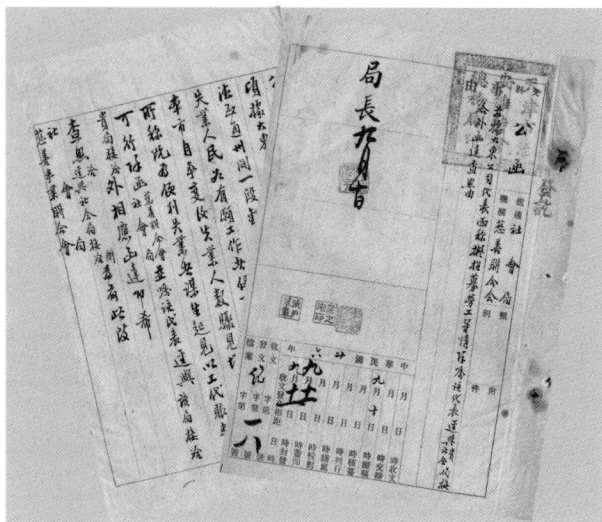

大东公司在津强征四万劳工修筑承（德）通（州）铁路的往来信函

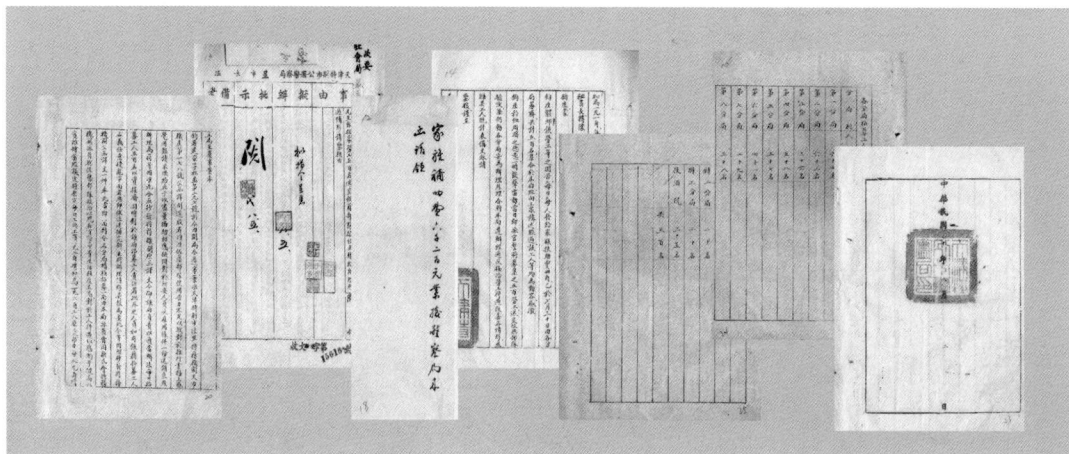

1941年，天津特别市公署警察局为日军佐藤部队强征500名劳工的往来函件。

抗日战争期间，日本侵略者为缓解本国兵员和劳动力不足的局面，在华北地区抓骗劳工，随时准备送往日本。他们在滨海新区新港卡子门4号码头仓库（现第一航务工程局一公司船舶工程处院内）建立新港劳工收容所，老百姓称之为"劳工营"。图为"劳工营"旧址。

"劳工营"生存条件恶劣，很多劳工在"劳工营"内或病死或被虐杀。惨无人道的侵略者竟在离"劳工营"不远的地方挖了几个大坑，将死去的或奄奄一息的劳工扔进坑中，日积月累，惨死的劳工越来越多，使这几个大坑变成了"万人坑"。1992年，塘沽区政府在昔日"万人坑"旁树立纪念碑。图为塘沽"万人坑"纪念碑（现滨海新区新港一号路与新港二号路交口处）。

天津东方饭店附近贩卖毒品的商行

日租界大街上公然摆摊出售吸食毒

品的烟具

日租界内一些冠以"俱乐部"的场所，

实为暗娼、吸毒、赌博的场所。

被毒品残害的吸毒者

天津市抗战期间人民被迫吸食烟毒及种植烟苗所受损失调查表

抗日战争时期，日本侵略者为掐断抗日武装与根据地老百姓的联系，大搞"集家并村"活动，强迫老百姓离开自己的家，到日本侵略者指定的地点居住和生活，这些居住和生活点被称为"人圈"。图为"人圈"中缺衣少食的儿童。

抗日战争时期，老百姓房子被日本侵略者烧光，东西被日本侵略者抢光，人民生活苦不堪言。

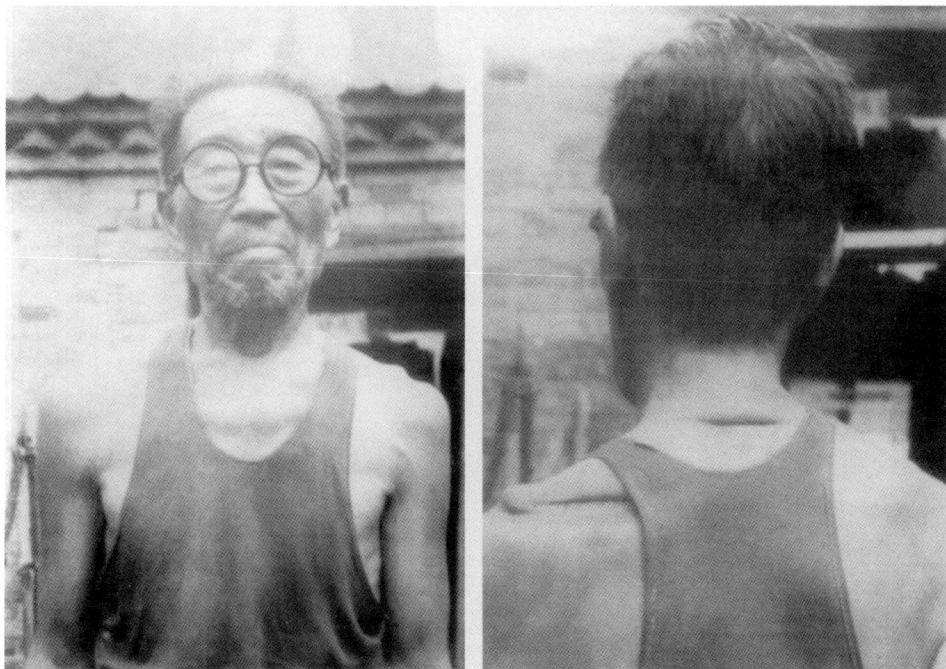

被日军用战刀砍伤后幸存的宝坻农民张仲全

　　1938年农历七月初五，驻蓟县日军扫荡了位于蓟县盘山脚下的史各庄（今官庄镇挂月庄村），这个仅有30多户的小村庄被烧得精光，11名群众被日军活活烧死。图为掩埋遇害村民的"肉丘坟"。

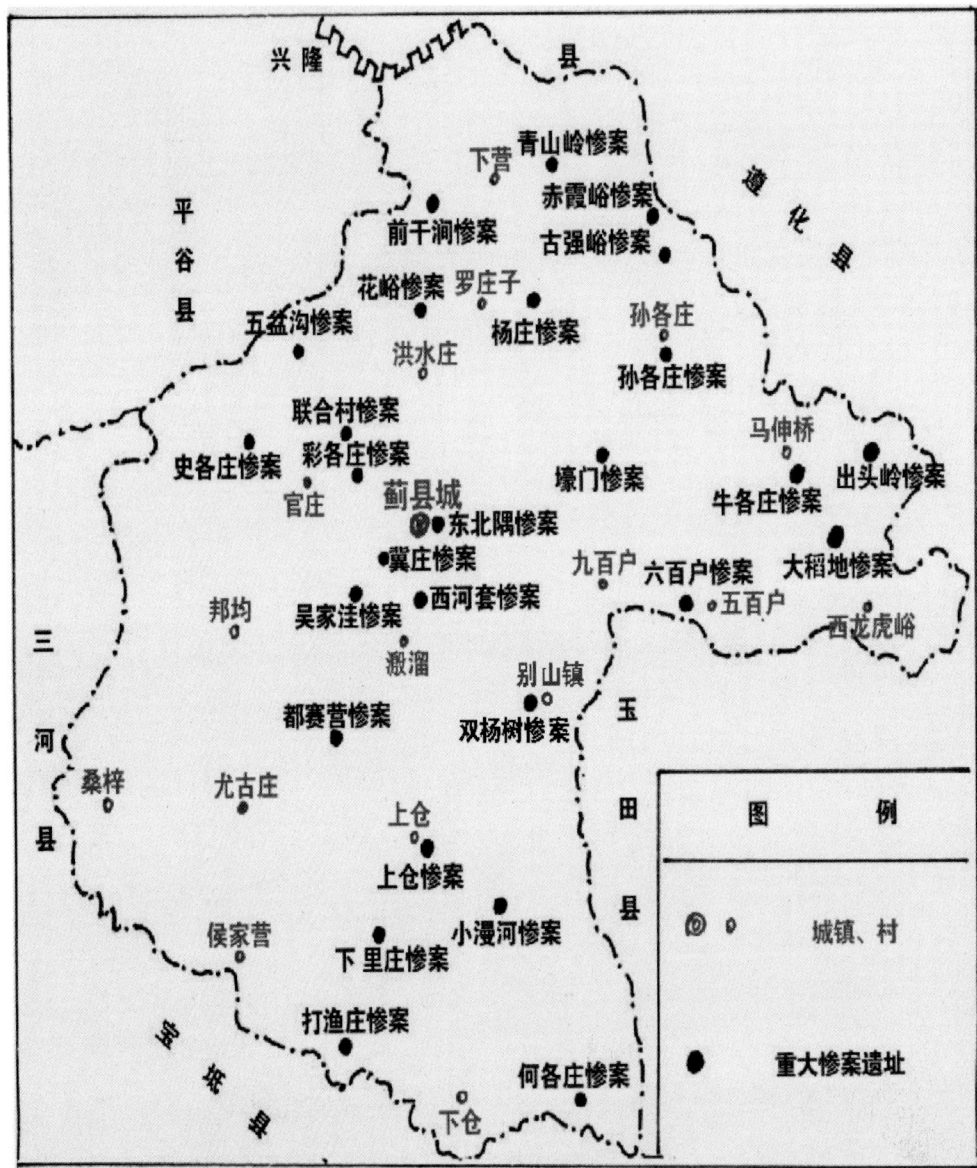

蓟县抗日战争时期重大惨案分布示意图

第三章 城区斗争

◆

　　七七事变后，日本军国主义者发动了全面侵华战争。当此民族生死存亡的关键时刻，1937年8月，中共中央在陕北洛川召开政治局扩大会议，制定了全面抗战的路线、纲领和政策，给中国抗战的漫漫长路指明了前进的方向。根据洛川会议精神，负责领导天津抗战工作的中共各级地下组织，在极为严峻险恶的形势下一直坚守在市内，团结和带领不愿做亡国奴的天津人民开展抗日斗争。与此同时，当时在津的埃德加·斯诺、伊斯雷尔·爱泼斯坦等国际友人也对中国抗战给予了深切同情和大力支持，为天津抗战胜利作出了积极的贡献。

一、同仇敌忾

　　七七事变后，日本侵略者又把进攻的矛头对准天津。当时驻守天津的国民革命军第二十九军第三十八师和天津保安队，在中国共产党抗日民族统一战线政策的感召和天津人民的倾力支援下，主动出击，同凶残的侵略者进行了惊心动魄的血战。

在天津市区坚守阵地的国民革命军第三十八师将士

李文田（1891—1951），国民革命军第二十九军第三十八师副师长兼天津市公安局局长。卢沟桥事变爆发后，日本侵略者发动了对天津的进攻。1937年7月28日凌晨，驻守天津的二十九军三十八师副师长李文田召集所部决定反击日军，并发出通电：“誓与津市共存亡。”中国军队对海光寺、东局子、火车站等处日军进行突袭，夺回了东站和总站（现北站）。在奔袭东局子机场战斗中，烧毁日军飞机十余架。在攻打海光寺日本兵营的战斗中，中国官兵前仆后继，几经冲锋，给日军予以重创，打击了日本侵略者的嚣张气焰。

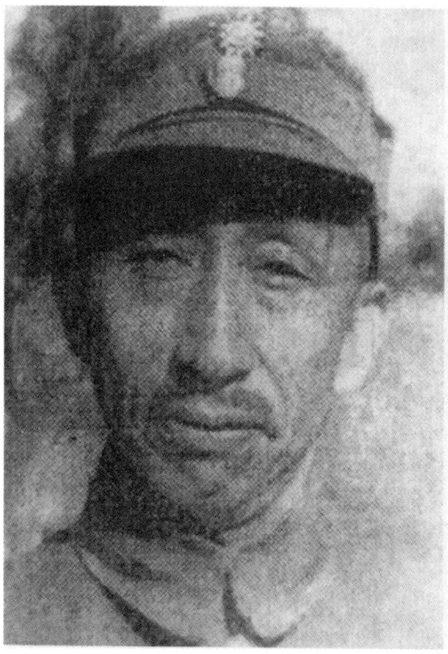

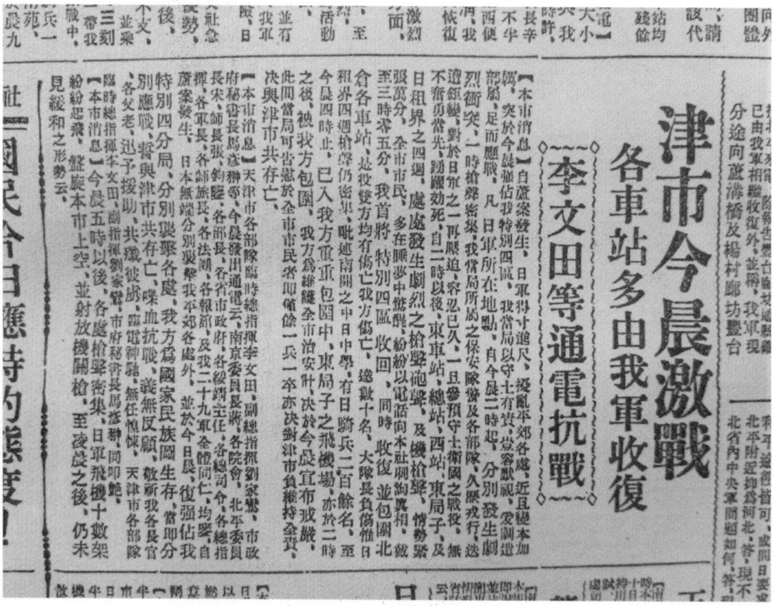

已由我軍相繼收復外，並聞，我軍現分途向蘆溝橋及楊村廊坊豐台

津市今晨激戰

各車站多由我軍收復

李文田等通電抗戰

【本市消息】自蘆案發生，日軍得寸進尺，擾亂平郊各處，近且變本加厲，突於今晨竊佔我特別四區，我當局以守土有責，豈容默視，爰調遣部屬，起而應戰，凡日軍所在地點，自今晨二時起，分別發生劇烈衝突，一時槍聲密集，我當局所屬之保安隊暨及各部隊，久歷戎行，迭遭師變，對於日軍之一再壓迫，容忍已久，一旦參預守土衛國之戰役，無不奮勇當先，踴躍效死，自二時以後，東車站、總站、西站、東局子、及日租界之四週，處處發生劇烈之槍聲砲聲、及機槍聲，情勢緊張萬分，全市市民，多在睡夢中驚醒，紛紛以電話向本社詢問真相，截至三時零五分，我首將特別四區收回，同時收復並包圍北倉各車站，是役雙方均有傷亡，我方傷亡，幾數十名，大隊長負傷，惟日租界四週槍聲仍密集，毗連南開之中日中學，有日騎兵二百餘名，至今晨四時止，已入我方重重包圍中，東局子之飛機場，亦於二時之後，被我方包圍，我方為維護全市治安計，決於今晨宣布戒嚴，此間當局可告慰於全市市民者即當餘一兵一卒亦決對津市負維持全責，決與津市共存亡，

【本市消息】天津市各部隊臨時總指揮李文田，副總指揮劉家鸞，市政府秘書長馬彥翀等，今晨發出通電云，南京委員長蔣，各院會，北平委員長宋，師長張，劉，各部長，各省市政府，各綏靖主任，各總司令，各總指揮，各軍長，各師旅長，各法團，各報館，及我二十九軍全體同仁，均鑒，自蘆案發生，日本無端分別襲擊我平郊各處外，並於今日晨，復強佔我特別四分局，分別襲擊各處，我方為國家民族圖生存，當即分別應戰，誓與津市共存亡，喋血抗戰，義無反顧，敬祈我各長官、各父老、迅予援助，共殲彼虜，臨電神馳，無任惶悚，天津市各部隊臨時總指揮李文田，副指揮劉家鸞，市府秘書長馬彥翀，同叩艷，

【本市消息】今晨五時以後，各處槍聲密集，日軍飛機十數架紛紛起飛，盤旋本市上空，並射放機關槍，至凌晨之後，仍未見緩和之形勢云，

社 國民今日應持的態度！

1937年7月29日，天津《益世报》刊登的李文田部通电抗战的消息及战况。

天津保安队在街头英勇抗击日本侵略军

1937年7月29日，天津市各部队临时总指挥李文田誓死抗敌
并向南京国民政府紧急请援的电文。

天津公大七厂位于天津市北站外小于庄，原是华新纺织股份有限公司，1936年秋被日本商人强行吞并，改名为公大第七厂。七七事变后，该厂又变成了日本侵略军的军事基地。1937年7月29日，国民革命军第三十八师某部在战斗中分三路攻入该厂。图为公大七厂大门。

1937年7月日军全面进攻天津时，守卫在公大七厂水楼上的四位天津保安队战士坚守水塔，子弹打光后，四位勇士冲下水塔，与日军展开白刃战，刺死六名侵略者后全部壮烈牺牲。图为公大七厂水楼。

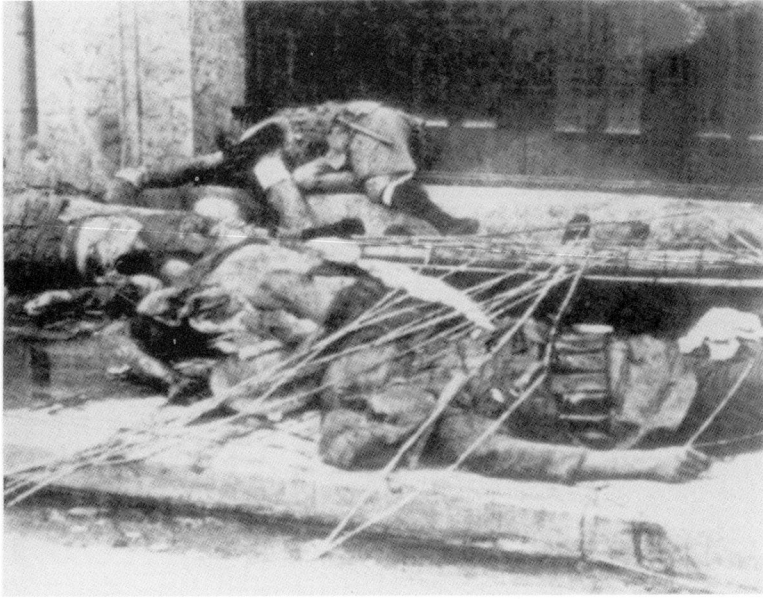

英勇牺牲在街头的天津保安队士兵

    1937年7月29日下午，《益世报》选派代表，携带劳军捐款，到医院看望受伤的抗日将士。

二、地下斗争

　　天津沦陷后，在异常艰苦的斗争环境下，党组织一直在天津城区坚持斗争。从沦陷初期的中共天津市委，到抗日战争相持阶段的中共平津唐点线工作委员会及其领导的天津城市工作委员会，再到抗日战争后期各抗日根据地在天津建立的各级地下组织，坚守在天津的各级党组织，在为转移党员和进步青年，为抗日根据地采购和运输各种物资，为收集敌伪情报等方面作出了突出的贡献。由此天津在华北敌后城市工作中的主体地位逐步形成与确定。此外，天津的工人、学生、市民和各界群众在地下党领导下，以罢工、怠工、破坏敌人军工生产等方式，同日伪当局展开了机智顽强的斗争。

　　1937年8月22日至25日，中共中央政治局扩大会议通过了《中共中央关于目前形势与党的任务决定》，指出党的中心任务是"动员一切力量争取抗战的胜利"。

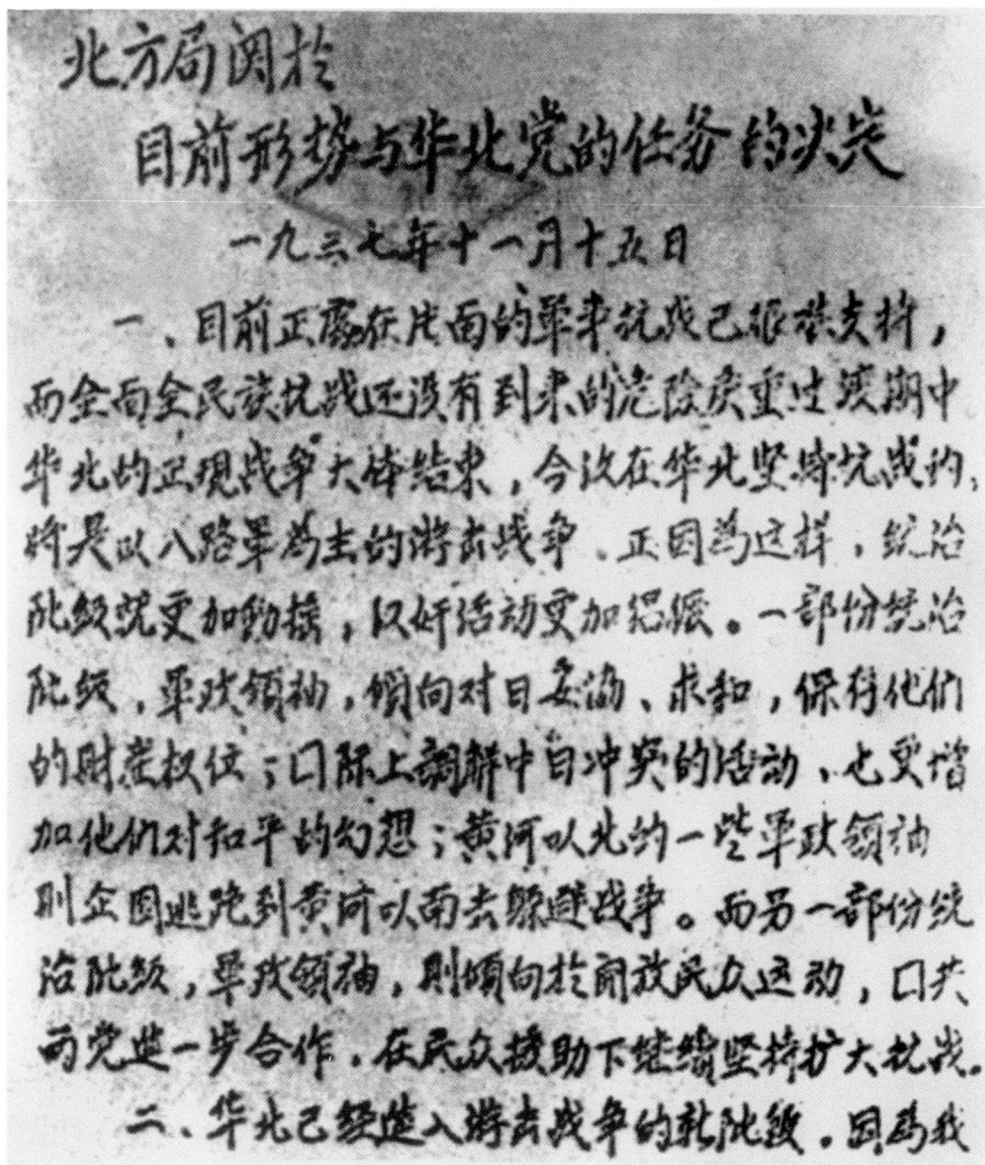

北方局阅於

《目前形势与华北党的任务 的决定》

一九三七年十一月十五日

一、目前正靡烂着片面的军事抗战已根状支持，而全面全民族抗战还没有到来的危险严重过渡期中华北的正规战争大体结束，今後在华北坚持抗战的，将是以八路军为主的游击战争。正因为这样，统治阶级就更加动摇，反奸活动更加怨恨。一部份统治阶级，军政领袖，倾向对日妥协、求和，保存他们的财富权位；国际上调解中日冲突的活动，也受惜加他们对和平的幻想；黄河以北的一些军政领袖则企图逃跑到黄河以南去躲避战争。而另一部份统治阶级，军政领袖，则倾向於前救民众运动，国共两党进一步合作。在民众援助下继续坚持扩大抗战。

二、华北已经进入游击战争的新阶段。因为我

1937年11月15日，刘少奇为中共中央北方局起草的《关于目前形势与华北党的任务的决定》（即《独立自主地领导华北抗日游击战争》）。

1937年9月9日，中共河北省委宣传部部长李大章向北方局汇报工作后返津，向省委书记李运昌、组织部部长马辉之传达北方局书记刘少奇的指示：李运昌赴冀东准备发动抗日暴动，马辉之任河北省委书记，姚依林任省委宣传部长兼天津市委书记。

李大章（1900—1976），原名李畅英，四川合江人。1922年，加入旅欧中国少年共产党。1924年，转为中国共产党党员。1935年，兼任北方局天津工作组负责人。抗日战争爆发后，曾任中共河北省委委员、宣传部部长。

马辉之（1901—1994），湖南长沙县人。1926年加入中国共产党。1937年9月，任中共河北省委书记。

姚依林（1917—1994），曾用名许志庸，安徽贵池人。1935年，加入中国共产党。1936年，任中共天津市委宣传部部长。1937年7月，任天津市委书记，在住所英租界敦桥道设立市委机关（原西安道福顺里12号）。后任河北省委宣传部部长兼天津市委书记，领导天津市内抗日斗争。1938年9月，撤往冀东根据地。

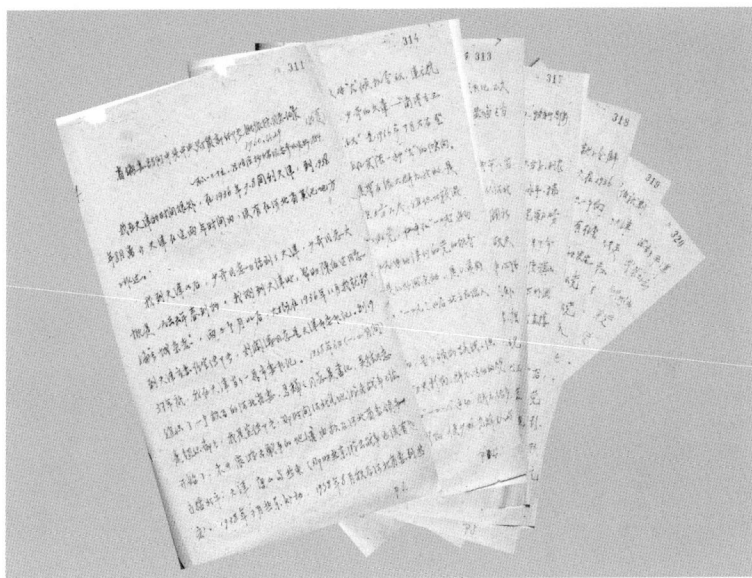

1960年，姚依林同志接受采访，回忆1936—1938年天津地下党开展工作情况。图为姚依林同志访谈记录节选内容。

1937年中共天津市委机关旧址（原和平区西安道福顺里12号）

　　1938年夏，中共河北省委在英租界62号路伊甸园建立秘密电台，由王士光（王光杰）、王新（王兰芬）负责。1939年5月，电台迁至和平区昆明路福寿别墅4号。图为河北省委秘密电台旧址（原和平区沙市道45号）。

王光杰、王兰芬夫妇于1984年在和平区昆明路福寿别墅4号院合影

　　华北人民抗日自卫委员会吸收国民党党员王若僖、张子奇等人参加，成为党领导的抗日民族统一战线组织。图为华北人民抗日自卫委员会旧址（原和平路100号）。

　　1937年8月，华北人民抗日自卫委员会出版机关刊物《时代周刊》。图为时代周刊杂志社旧址（原徐州道忠厚北里2号）。

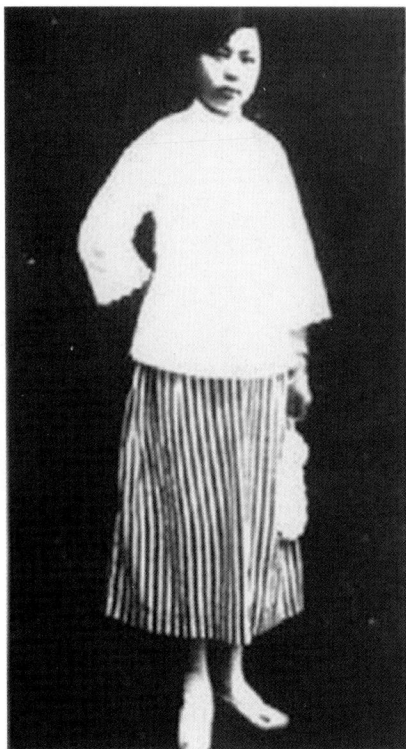

刘清扬（1894—1977），女，回族，天津人，1921年加入中国共产党。天津《妇女日报》创办人之一。抗战爆发后，参与组织华北人民抗日自卫委员会，为领导成员之一。

1937年8月，党领导的抗日群众团体华北各界救国会由北平迁至天津。当月中旬，救国会领导成员李楚离、杨秀峰、张友渔、张致祥、刘清扬、王仲华、吴承仕等在刘清扬家中召开秘密会议，决定将华北各界救国会改名为华北人民抗日自卫委员会，李楚离任党团书记。图为华北人民抗日自卫委员会秘密会议旧址（刘清扬故居，原红桥区西北角严翰林胡同14号）。

1937年8月上旬，在中共天津市委书记姚依林领导下，重建中华民族解放先锋队天津队部。天津民先队成为党领导下的坚持天津市内抗日斗争的一支重要力量。图为中华民族解放先锋队天津队部旧址（原和平区建设路59号）。

中华民族解放先锋队天津队部活动旧址（现和平区建设路110号）。1937年秋，中华民族解放先锋队天津队部曾在这里印刷队刊《灯塔》及纪念九一八抗日宣传传单等。

为了支援抗日战争，天津民先队曾于1937年和1938年在天津先后开办无线电和护士训练班。图为其中一个训练班旧址（现和平区建设路120号）。

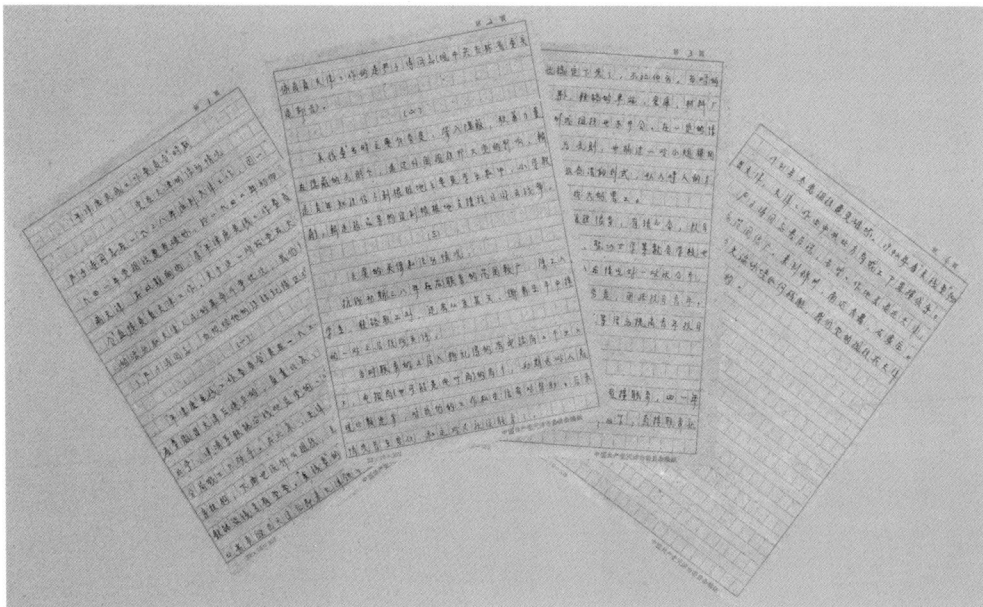

顾磊撰写的回忆文章，记述了在平津唐点线工作委员会时期党在天津的活动情况。

1941年1月，中共中央晋察冀分局根据中央指示，成立城市工作委员会，刘仁任书记，领导华北地区敌占城市的地下工作。刘仁（1909—1973），四川酉阳人。1927年，加入中国共产党。1938年冬，任晋察冀中央分局委员、秘书长、城市工作委员会书记、晋察冀中央局城工部部长兼敌工部部长。

1938年9月，中共平津唐点线工作委员会在天津成立，领导北平、天津、唐山三个城委和北宁、平绥铁路党组织的抗日活动，葛琛任书记。平津唐点线工作委员会成立后，在法租界寿德饭店内设立了机关。图为平津唐点线工作委员会旧址（现和平路322号）。

顾磊（1904—1992），又名严子涛，天津宝坻人。1933年加入中国共产党。1938年9月平津唐点线工作委员会成立后，任天津城委书记并负责铁路工作。1939年5月任平津唐点线工委委员兼天津城委书记。1942年2月，撤回晋察冀抗日根据地。

1938年10月上旬，中共平津唐点线工作委员会天津城委在市内成立。机关设在英租界黄家花园福顺里50号。由天津城委书记顾磊领导市内的地下工作和秘密电台。图为天津城市工作委员会旧址。

1940年秋，在天津城市工作委员会书记顾磊领导下，建立党的外围组织——青年抗日先锋队。期间，顾磊先后发展青年抗日先锋队成员刘文、贾萱、赵琪、王文源入党。1941年3月，在青年抗日先锋队内建立党支部，刘文任书记。至抗日战争胜利前夕，该支部共发展党员二十余名，联系积极分子百余人。图为青年抗日先锋队党支部旧址（原和平区清和街芦庄子胡同6号）。

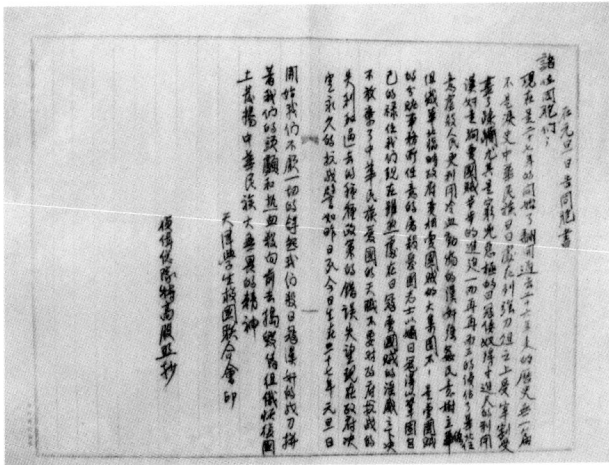

1938年1月1日，天津学生救国联合会印制的《告同胞书》。

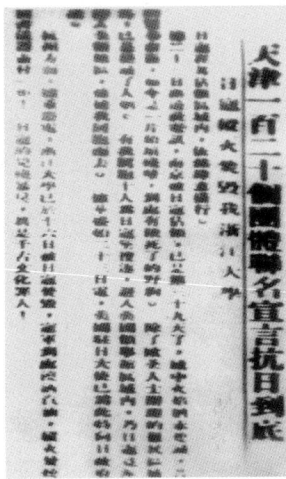

1938年，天津120个爱国团体联名宣言坚决抗战到底。

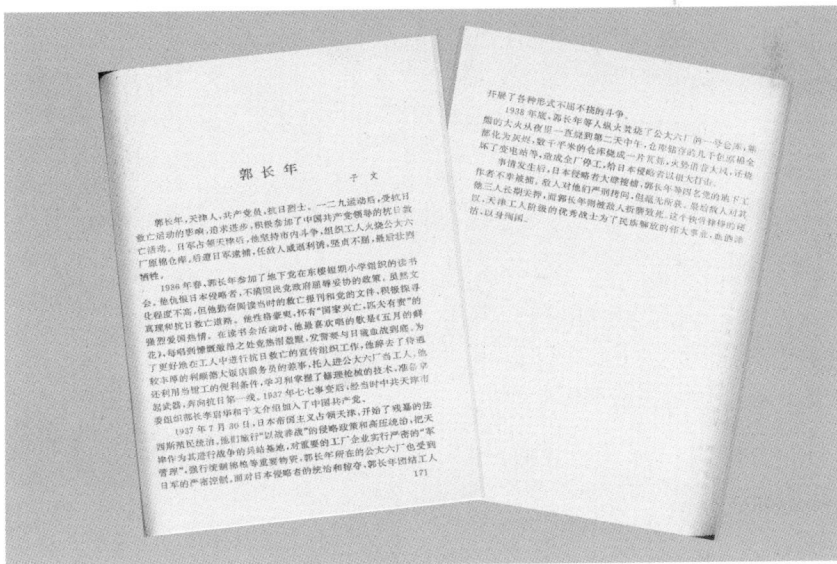

1938年12月31日，中共地下党员郭长年组织工人焚毁了日军在公大六厂的原棉仓库，给日军造成严重损失，但他不幸被捕，壮烈牺牲。图为有关郭长年抗日事迹的回忆文章。

天津沦陷后，在党组织的指挥和发动下，天津电话局职工开展了抵制日本侵略者强行接收电话局的"抗交"斗争。这场斗争一直坚持到1940年9月，历时三年多。图为"抗交"斗争旧址（原和平区烟台道电话局）。

朱其文（1909—1987），江苏如皋人。1936年，受党组织委派到天津电话局开展工运和情报工作。在1959年的一次接受采访时，朱其文介绍了他深入天津电话局，组织动员职工开展"抗交"斗争的情形。

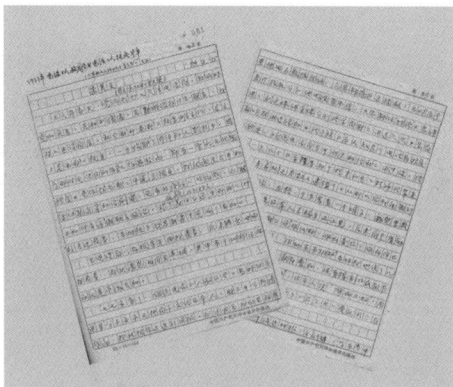

三、抗日杀奸团

天津沦陷后，耀华学校、中日中学、汇文中学、新学中学、志达中学、广东中学、中西女中、达仁学院、工商附中、圣功女子中学、南开中学等学生自发组织了抗日杀奸团，成员一度发展到近百人。杀奸团的宗旨是开展抗日宣传、破坏日军军事设施和刺杀汉奸等，活动的重心在英、法租界。杀奸团的活动一直持续到抗战胜利，期间曾刺杀了汉奸天津长芦盐务局局长、商会会长王竹林和伪天津海关监督兼伪联合准备银行天津分行经理程锡庚等人，沉重地打击了汉奸卖国贼的嚣张气焰，鼓舞了天津人民的抗战勇气和信心。

天津抗日杀奸团成员在天津金汤桥上悬挂的"打倒日本帝国主义"的巨型标语。

抗日杀奸团成员李如鹏　　　　　抗日杀奸团成员祝宗樑

抗日杀奸团成员合影（后排右一为祝宗樑）

1990年，抗日杀奸团成员（从左至右）黎大展、钱宇年、孙惠书、冯健美合影。

2011年，抗日杀奸团成员（从左至右）祝宗槃、刘永康、马桂官合影。

1938年12月31日，天津《庸报》对王竹林在法租界遇刺一案进行了报道。

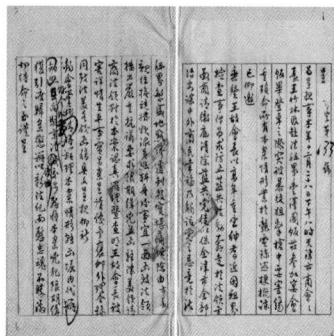

1938年12月28日晚，天津商会会长王竹林在法租界丰泽园饭庄门前，被抗日杀奸团成员枪杀。在伪天津市政府给中央政府的呈文中，叙述了王竹林在法租界被刺一案的情形。

刺杀汉奸伪天津长芦盐务局局长、商会会长王竹林的地点——法租界丰泽园饭庄（现和平区山东路狗不理饭店）。

1939年4月12日，《大公报（重庆版）》对程锡庚被刺一案进行了报道。

1939年4月9日晚，伪天津海关监督兼伪联合准备银行天津分行经理程锡庚，在英租界的大光明影院被抗日杀奸团成员刺杀毙命。在伪天津特别市公署警察局局长给伪市长温世珍的呈文中，详细叙述了程被刺杀的经过。

刺杀伪天津海关监督兼伪联合准备银行天津分行经理程锡庚的地点——天津大光明影院

四、国际友人支持抗战

　　天津沦陷后，埃德加·斯诺、爱泼斯坦、林迈可、夏理逊与傅莱等在津的国际友人，面对日本侵略者的野蛮行径，分别以不同的方式，对天津的抗战给予了深切同情和积极有力的支持，为天津抗战的最后胜利作出了特殊的贡献。

　　埃德加·斯诺（1905—1972），美国著名记者。他于1928年来华，曾任欧美几家报社驻华记者、通讯员。1936年6月，斯诺访问陕甘宁边区，写了大量通讯报道，成为第一个采访红区的西方记者。七七事变后，斯诺通过《每日先驱报》向全世界报道了平津地区抗日斗争的真实情况，其间他还冒险帮助在北平养病的邓颖超，从北平经天津顺利撤离到西安。1942年，斯诺去中亚和苏联前线采访，离开中国。

林迈可（1919—1994），英国人，牛津大学毕业，爱好无线电。1937年，来华在燕京大学任教。七七事变后，林迈可利用自己是英国人的便利条件，经常往返于平津之间，为抗日根据地购买军需物资。其间，他还自己组装了5台收发报机送到平西抗日根据地，支持根据地人民的抗日斗争。1945年10月，林迈可携家人返回英国。

在抗日根据地工作的燕京大学经济学教授、英国人林迈可为晋察冀军区无线电技术高级训练班的学员们解答问题。

傅莱（1920—2004），奥地利著名内科医生，1937年加入奥地利共产党。1939年1月，为反抗德国法西斯迫害、支援中国抗日战争，只身来到中国，先后在上海虹口难民传染病隔离医院、天津德美医院、天津马大夫医院从事抗日医务救援工作，并四处寻机参加八路军。1941年12月，在北平地下党组织的秘密安排下，几经辗转到达晋察冀抗日根据地。1944年10月，经聂荣臻司令员介绍，加入中国共产党。新中国成立后，加入中国国籍。傅莱在世时被人们称作"活着的白求恩"。

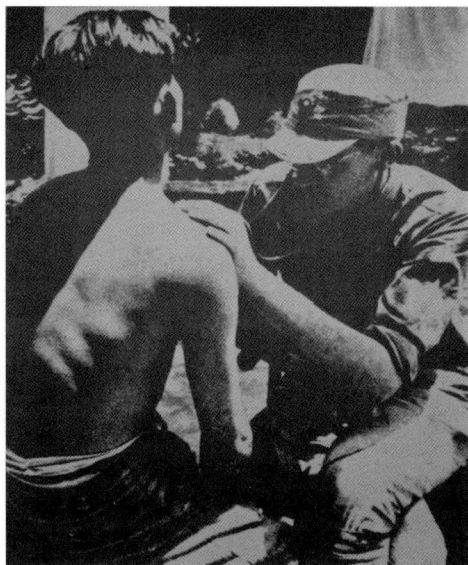

1939年1月，奥地利医生傅莱来华支援抗战。图为1942年傅莱在晋察冀抗日根据地为八路军伤病员检查身体。

伊斯雷尔·爱泼斯坦（1915—2005），又名艾培，1915年生于波兰，自幼随父母定居中国天津。1931年起，在《京津泰晤士报》从事新闻工作。抗日战争期间，他努力向世界人民报道中国共产党领导人、抗日根据地和中国人民的英勇斗争，期间他还应斯诺所托冒险掩护邓颖超从天津安全撤离到西安。新中国成立后，爱泼斯坦于1957年加入中国国籍，1964年加入中国共产党。

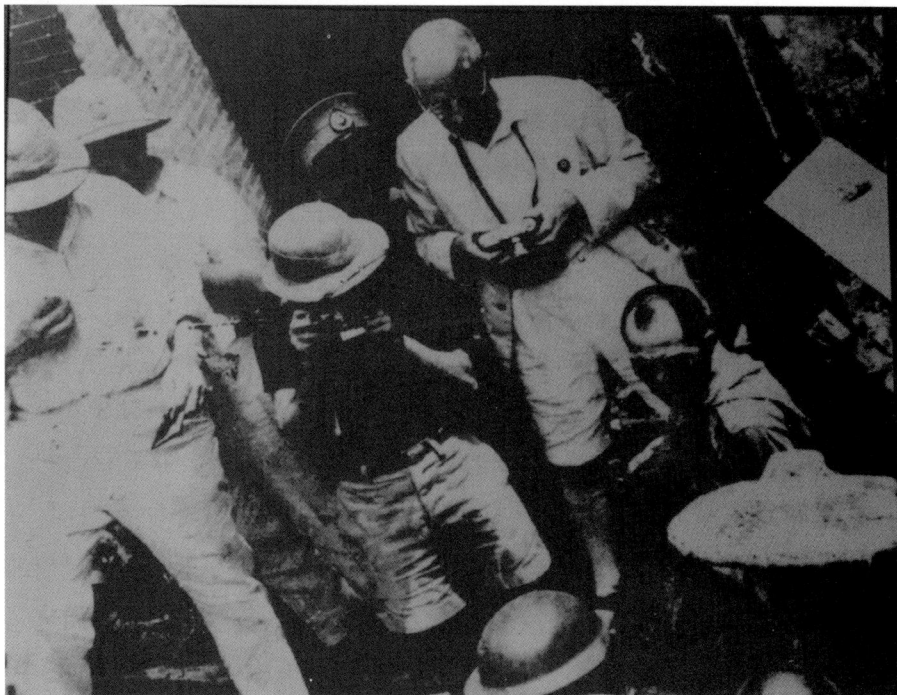

波兰记者爱泼斯坦，在抗日战争期间努力向世界人民报道中国共产党和中国人民的英勇斗争。图为1938年广州遭日机轰炸时，时任美国合众社记者的爱泼斯坦赶到现场采访。

夏理逊（1888—1947），加拿大著名内科医生。20世纪30年代来津，在法租界开设私人诊所。1937年7月29日，日军对天津进行野蛮的轰炸和进攻，夏理逊不顾个人安危走出诊所，参加天津红十字会组织的救护工作，日夜奋战在救护工作一线，挽救了许多爱国官兵的生命。天津沦陷后，夏理逊转道徐州赴苏北，曾在新四军部队从事医疗救护工作，并与中国共产党建立了秘密联系。1947年1月10日，他在为冀鲁豫解放区运送医疗物资途中，不幸病逝于山东省阳谷县张秋镇。

1944年，德国友人王安娜（前排左四）、波兰记者爱泼斯坦（前排左五）与民主人士李公朴（前排左二）、茅盾（前排左三）、《新华日报》工作人员陈家康（前排左一）、章汉夫（前排左六）等在重庆合影。

第四章 郊县抗战

◆

　　七七事变后，一直坚守在天津的党的地下组织，在大力开展城市抗日斗争的同时，认真按照中共中央和中央军委关于尽快建立冀东抗日根据地的指示精神，全力支持和配合党领导的抗日武装在天津周边郊县开展抗日游击战争，创立盘山抗日根据地，同时冀中等抗日根据地也不断出击，开辟抗日游击区，有力地牵制和打击了日本侵略者。

一、冀东暴动

　　1938年7月，根据中共中央关于以开展敌后抗日游击战争、开辟抗日根据地为整个华北地区党的中心任务的指示精神，中共河北省委和天津市委迅速将抗日斗争的重点转移到敌人军事力量相对薄弱的冀东农村，集中力量发动和领导了声势浩大的冀东抗日暴动。暴动的烈火迅速燃遍冀东二十余个县，曾收复平谷、蓟县、玉田、迁安、卢龙、乐亭等县城，一度切断了北平至山海关的铁路交通。天津现辖区内的蓟县、宝坻、武清、宁河等地人民，纷纷投入抗日武装暴动的洪流，壮大了暴动的声势和力量。冀东暴动有力地打击了日伪统治者的嚣张气焰，极大地鼓舞了冀东人民的抗战热情，为盘山抗日根据地的创立奠定了坚实的基础。

洛川会议后，中共中央作出开辟冀东，建立以雾灵山为中心的抗日根据地的决定，并责成中央军委组织部队挺进冀东。1938年5月，按照中共中央和中央军委关于开辟冀东抗日根据地的指示精神，晋察冀军区邓华支队与八路军第一二〇师宋时轮支队组成八路军挺进纵队（也称第四纵队），宋时轮（左）任司令员，邓华（右）任政委，挺进冀东，配合冀东地区举行抗日武装暴动。

1938年八路军第四纵队挺进冀东地区线路图

1938年6月，八路军宋（时轮）邓（华）纵队的骑兵部队向冀东挺进，参加冀东抗日武装暴动。

参加冀东抗日武装暴动的部分战士

1937年8月，为适应抗日战争形势发展的需要，中共河北省委在天津建立，书记为李运昌。李运昌（1908—2008），原名李芳岐，河北乐亭人。1924年，加入中国社会主义青年团。1925年，转为中国共产党党员。1937年8月，在天津组建中共河北省委，任书记。1938年7月，领导发动了冀东抗日武装暴动。

李子光（1902—1967），原名贾一中，天津蓟县西山北头村人。1922年，毕业于宝蓟中学。1926年，到《西北实业报》报社工作，同年加入中国共产党。后因叛徒出卖被捕，在狱中顽强斗争、坚贞不屈。1929年出狱后，回到蓟县。1930年4月，在蓟县西山北头村建立共产党小组，任组长。9月上旬，建立中共蓟县临时县委，任书记。1938年7月，参加冀东抗日武装暴动，任冀东抗日联军第十六总队政治部主任。冀东暴动后，同包森、王少奇等共同创建了盘山抗日根据地。

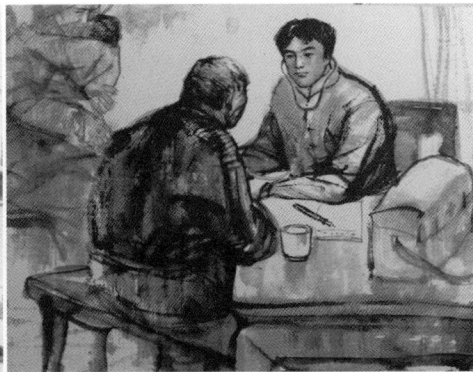

蓟县板桥诊疗所，共产党员、北大医学院学生卜荣久于1937年春在其老家西厢房开办，以治病作掩护，宣传抗日救亡思想，开展抗日救国活动。左图为板桥诊疗所旧址，右图为卜荣文行医图。

　　1938年4月4日，中共蓟县县委根据冀热辽特委指示精神，在盘山千像寺召开县委扩大会议，就抗日武装暴动作出一些列重要决议，决定进一步开展统战工作，放手发动群众，准备武装暴动。图为千像寺会议遗址。

蓟县抗日大暴动示意图

归属	番号	负责人		人数	活动范围
		总队长	政治主任		
李运昌部	蓟县五总队	商香阁	王崇实	千余	邦均
	六总队	白砥中	郝希武	千余	七区
	十六总队	刘卓群	李子光	1500	二区
	十八总队	王济川	王作勋	700	二、六区
	三区队	区队长 王景轩	冀扶朽	700	四、五区及宝坻、三河一带
	平、三、蓟、宝、顺五县联合抗日游击总队	胡香圃	刘向道	2000	三河、平谷一带
国民党	蓟北抗日救国军	负责人 李维周		500	二区

蓟县参加抗日武装暴动队伍统计

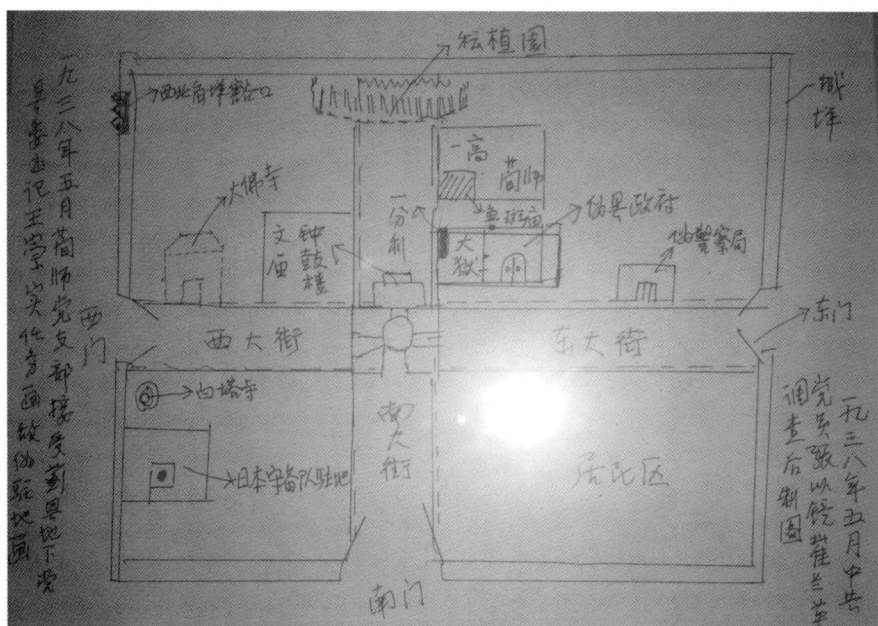

1938年5月冀东抗日暴动前夕，蓟县简易师范中共地下党员张以镜（陈大光）、李岩（崔兰英）接受县委密令，潜入县城，绘制了敌伪机关布防图。图为陈大光回忆绘制的敌伪机关布防图。

新中国成立后，八路军十三团二营原教导员王文（右二）与原抗日救国会会员回忆邦均打响冀东西部地区抗日武装暴动第一枪的经过。

蓟县邦均镇打响冀东西部地区抗日武装暴动第一枪旧址

蓟县邦均镇打响冀东西部地区抗日武装暴动第一枪纪念牌

　　蓟县简易师范位于蓟县县城内的文庙（现城关第一小学）。1936年秋，共产党员吕瑛、赵迪之从北平来到蓟县简易师范任教，她们向学生推荐进步书刊，宣传抗日救亡思想。1937年，在蓟县地下党组织的领导下，蓟县简易师范成立了党支部。1938年7月，冀东地区爆发抗日武装暴动，蓟县简易师范师生有的深入农村宣传抗日救亡思想，有的参加游击队，战斗在抗日的最前线，为抗日战争的胜利作出重要贡献。图为蓟县简易师范旧址。

　　1929年，李子光回到蓟县县城，为便于掩护开展革命活动，于1933年10月与共产党员何云台等共同筹资，在蓟县县城鼓楼北大街的鲁班庙内创办了一分利文具店，作为蓟县党组织开展活动的一个秘密联系点。抗战时期，一分利文具店一直是蓟县党组织进行秘密活动和对外联络的中心。图为一分利文具店旧址。

二、创建盘山抗日根据地

　　盘山位于冀东西部、蓟县西北部。抗日战争时期，它是冀东和晋察冀、平西往来的必经之地，战略地位十分重要。创建盘山抗日根据地是中共冀热边特委根据形势和任务的要求作出的重要部署。冀东抗日暴动后，日本侵略者进行了大规模的反扑，参与暴动的冀东抗日联军被迫撤离。撤离前，中共冀热边特委和冀东抗日联军决定留下部分武装力量，由包森、李子光和王少奇率领开赴盘山，建立盘山抗日根据地。包森等到蓟县后，积极发动群众，机动灵活地开展抗日武装斗争，积小胜为大胜，很快便创立了以盘山为中心的抗日根据地。抗日战争期间，盘山抗日根据地犹如一把锋利的尖刀，牢牢地插在日本侵略者统治的后方。

八路军为开辟冀东敌后抗日根据地，转战冀东长城内外。图为部队在长城附近待命。

1940年春，冀东十三支队副司令员包森奉命率部挺进盘山，开辟抗日根据地。图为包森与十三支队司令员李运昌（左）、政治部主任刘诚光（中）合影。

根据中共晋察冀分局和晋察冀军区的指示，成立冀东军分区和冀热察区党委冀东分委，分别由李运昌和李楚离任军分区司令员和分委书记，并将冀东的游击武装整编为挺进军第十三支队，李运昌任司令员，李楚离任政治委员，包森任副司令员。图为1940年冀东军分区政委李楚离在蓟县穿芳峪乡东水厂村的办公地点。

1940年，在党的领导下，八路军和游击队依靠广大抗日群众的支援，坚持游击战争，创建了盘山抗日根据地。

化整为零坚持抗战的冀东八路军

1939年—1940年盘山抗日根据地形势图

蓟县抗日战争时期重要战斗遗址分布示意图

1940年7月28日，包森指挥四个连在盘山白草洼设伏并全歼"扫荡"盘山的日本关东军一个骑兵中队七十余人，首创冀东一次歼灭日军整个中队的战绩。图为白草洼战斗遗址。

1941年4月，包森率八路军第十三团的两个连攻占蓟县邦均镇小孙各庄据点，活捉日伪军四十余人。图为八路军第十三团的战士向小孙各庄据点发起进攻。

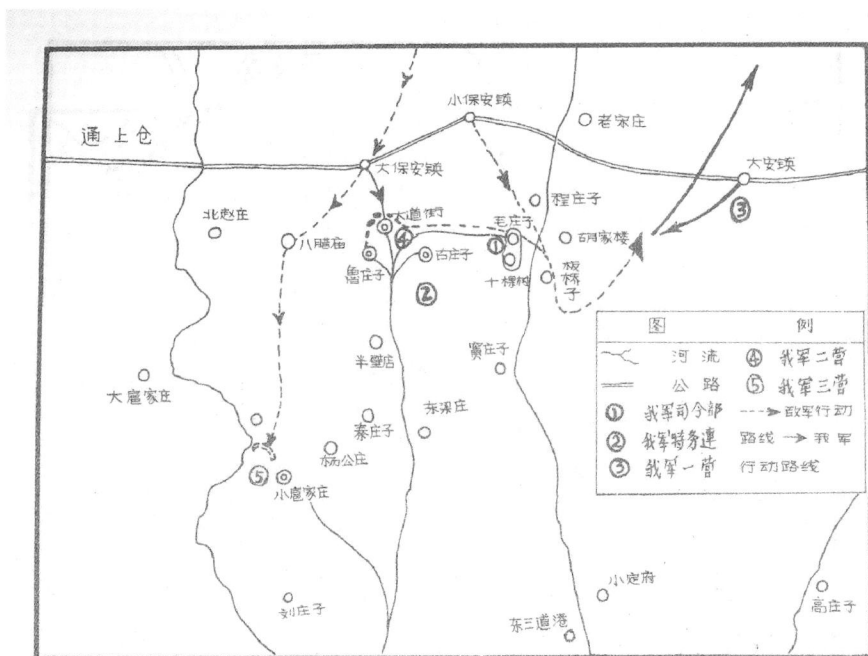

　　1941年6月2日，八路军十三团三个营在蓟县南部十棵树一带被数千日伪军包围，经过苦战，毙伤敌人五百余人，部队冲出重围。图为十棵树战斗示意图。

十棵树战斗遗址

1942年1月13日，包森指挥十三团七个连在蓟县果河沿设伏，经过16个小时的激战，全歼来盘山根据地"扫荡"的号称"模范治安军"的伪治安军第四团一千余人，缴获大批武器弹药；击溃赶来增援的伪治安军第三团，创造了冀东战场以少胜多和整团歼敌的战例。图为果河沿战斗遗址纪念碑。

1944年5月16日，冀东第十四专署专员杨大章、十三团副政委廖峰、蓟遵兴联合县县委书记占中带领干部和警卫部队约二百余人在蓟县团山子一带开会。由于叛徒告密，被数千日伪军包围。杨大章等率部转移至爨岭庙，依托有利地形与敌激战。在战斗中，杨大章、廖峰、占中等百余人牺牲。图为爨岭庙突围战遗址。

冀东军分区副司令员兼八路军十三团团长包森骑着从日军缴获的战马

1943年12月冀东人民在反"扫荡"战斗中，从日伪军手中缴获的
日本造歪把子机枪和掷弹筒。

盘山民兵班班长丁福顺

盘山民兵班战士王志在盘山冰凉洞前

盘山民兵班战士合影

1944年春，根据地后方工作人员在盘山开荒种地。

冀东八路军指战员在异常艰苦的条件下顽强坚持斗争。图为八路军战士在采野菜。

盘山抗日根据地党组织发展统计

起止时间	机构名称	县委书记	所属党员人数
1935.9-1937春	中共蓟县临时县委	李子光	40余名
1940.4-1940.10	中共蓟平密联合县县委	李子光	400余名
		田 野	
1940.10-1943.7	中共蓟宝三联合县县委	田 野	5000名
		王大中	
1943.7-1946.5	中共蓟遵兴联合县县委	季 安	
1943.7-1946.5	中共平三蓟联合县县委	李越之	2900名
		谭志诚	
1943.7-1945.6	中共玉蓟宝联合县县委	冯寿天	3100名
		艾 群	
1945.6-1946.2	中共玉蓟联合县县委	艾 群	2100余名
		田进良	
1944.9-1946.5	中共蓟南县委	王 田	

盘山抗日根据地党组织发展统计

盘山抗日根据地政权发展统计

起止时间	机构名称	县长	范围 村庄	范围 人口	范围 土地
1938.7-1938.10	蓟县抗日民主政府	王 巍			
1940.4-1940.10	蓟平密联合县政府	张耀东			
		王少奇			
1940.10-1943.7	蓟宝三联合县政府	王少奇	1220	51.8万	
1943.7-1946.5	蓟遵兴联合县政府	卜荣久		25万	59万亩
		宋 林			
		贺 年			
		季成龙			
1943.7-1946.2	平三蓟联合县政府	李光汉	413	23.8万	5992.7平方公里
		季 宁			
1943.7-1945.6	玉蓟宝联合县政府	冯寿天		30万	60万亩
1945.6-1946.2	玉蓟联合县政府	冯寿天			
1944.9-1946.5	蓟南县政府	张 源		28万	

盘山抗日根据地政权发展统计

三、抗日烽火

　　面对凶狠残暴的日本侵略者，海河儿女同仇敌忾，在中国共产党的领导下，天津近郊和宝坻、武清、静海、宁河等区县的爱国民众，纷纷组织起来，开辟抗日游击区，同侵略者展开了血与火的生死较量，津沽大地燃起了熊熊的抗日烽火。

　　为开辟津南地区工作，1944年10月，中共冀中区党委建立了津南工作委员会。1945年5月，津南工作委员会撤销，成立中共津南县委员会和津南县抗日民主政府。图为津南县委、县政府机关旧址（现滨海新区南抛庄）。

　　1937年春，经中共天津市委批准，中共小站特别支部成立，王见新任支部书记。抗日战争期间，小站特别支部是党在津南地区的重要堡垒，为推动津南地区抗日斗争的发展作出重要贡献。图为中共小站特别支部旧址现状。

　　火烧日军小站粮库旧址。抗日战争时期，日军把从津南地区掠夺来的稻谷作为军粮，全部存放在小站镇东南角减河北岸的大粮仓里，储存量在几百万斤以上。1942年12月，冀中九分区武工队队长周继发按照津南工委的指示，率领武工队队员在攻占日军小站粮库后，放火烧毁了日军存放的全部稻谷，给日军以沉重的打击。图为马厂减河，左岸为火烧日军小站粮库旧址所在地。

　　1943年春，冀中八分区决定津浦支队改建为津南支队，由李轩任支队长，进入津南地区。在当地群众的紧密配合下，神出鬼没地打击敌人，开创了津南地区抗日斗争的新局面。图为抗日战争时期津南支队的战士们。

　　天津周边地区抗日游击战争的开展和抗日根据地的建立，打击了日军在天津的殖民统治，形成了对天津日伪政权的战略包围。图为宝坻回民支队正在积极练兵。

　　抗日战争时期，冀中区党组织及其领导的抗日武装，在静海、津南等地开辟抗日游击区，开展抗日武装斗争。1940年9月，冀中八路军为配合百团大战，从河北省大城县西部向静海挺进，在当地游击队配合下，攻打子牙、王口等据点，摧毁伪政权，开辟该区工作。

　　1934年夏，地下党员陈荻受中共京东特委派遣秘密到达宁河县芦台镇，与先期到达的地下党员张家庆等人组建了宁河县地下党支部。抗日战争时期，该党支部以开办芦台新生医院为掩护，为抗日队伍筹集资金和药品。图为宁河县地下党支部旧址所在地。

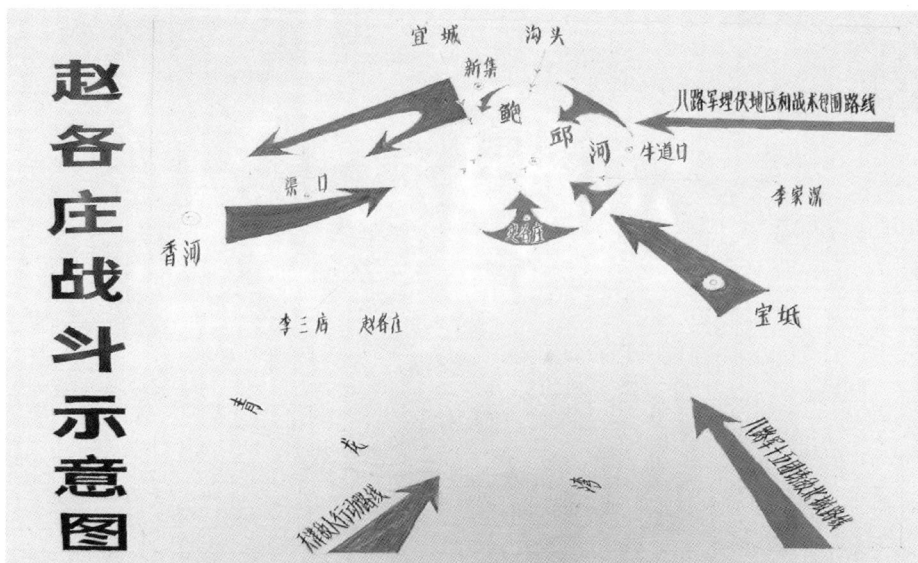

1945年2月，驻津日军组成"宝武蓟剔抉队"，伙同伪军到宝坻赵各庄一带讨伐清乡，八路军五十九团、十五团和香（河）武（清）宝（坻）支队联合抗敌，经过14个小时激战，全歼敌军。图为赵各庄战斗示意图。

赵各庄战斗油画

四、坚强后盾

在抗日战争的艰苦岁月中，人民群众给党领导的抗日武装以无私的支持和密切的配合，他们送子参军、救护伤病员，为抗日武装送信、带路、站岗、放哨。人民群众对党领导的抗日武装的鼎力支持，为抗日战争的最后胜利奠定了坚实的基础。

1940年盘山抗日根据地建立后，当地群众在盘山石壁上刻下"誓雪国耻"等口号，表达了与日本侵略者血战到底的决心。

1945年5月26日，冀热辽十四军分区在平谷县刘家河召开抗日群英表彰大会。图为"八路军母亲"杨妈妈在冀热辽十四军分区抗日群英表彰大会上发言。

杨妈妈旧居现状

杨妈妈掩护伤员的石洞

蓟县"八路军母亲"杨妈妈是盘山抗日根据地的"抗日堡垒户"，八路军领导人包森、李子光、王少奇等经常在她家开会，她像对待亲生儿女一样无微不至的照料过大批八路军伤病员。图为杨妈妈和八路军小战士在一起。

杨妈妈藏匿党的秘密文件的石洞

蓟县民众主动为八路军十三团带路

天津郊县青壮年踊跃参军，抗日杀敌。

担架队运送伤员

区县农民群众积极为八路军和游击队运送军粮

盘山根据地妇女纺纱织布，支援前线。

1944年春，抗日军民在蓟县官庄一起种植白薯。

第五章 赢得胜利

◆

1943年2月，苏联红军夺取了斯大林格勒保卫战的伟大胜利，世界反法西斯战争进入了战略反攻阶段。1944年，美国开辟太平洋战场，对中国的抗战形势产生了积极的影响，中国对日战场也开始了局部的反攻。为迎接抗战的最后胜利，1945年4月至6月，中国共产党在延安召开了第七次全国代表大会，要求抗日根据地军民从各方面准备大反攻，彻底打败日本侵略者。在中国共产党的坚强领导下，天津军民开始向夺取抗日战争最后胜利的伟大目标奋勇前进。

一、市内斗争新局面

为准备对日军的全面反攻，以夺取敌人占领的大城市和交通要道，中共中央于1944年6月5日发出了《关于占领城市工作的指示》，要求各地党组织担负起"夺取大城市的责任"。根据中共中央的指示，中共晋察冀分局与冀中区委、冀东区委、渤海区委、太行区委陆续派遣党员、干部进入天津，同坚守在市内的各级党组织密切配合，为根据地输送急需的战略物资，尤其在抗战后期，天津成为晋察冀及周边根据地所需物资的主要来源地，同时，党领导下的市区抗日斗争也得到了深入发展，党在沦陷城市的工作随之出现了一个崭新的局面。

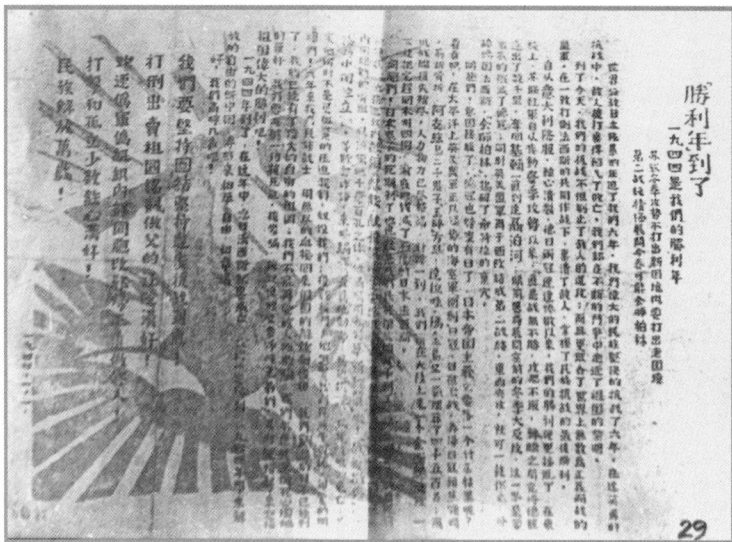

天津抗联于1944年元旦在市内散发的传单《胜利年到了》

1944年，在晋察冀中央分局城工部领导下，天津市各界抗日救国联合会党总支成立，楚云任党总支书记，康力任总支委员兼天津抗联主任。1944年夏，天津抗联党总支即根据晋察冀分局城委的指示，派遣天津抗联成员深入工厂、学校、机关和伪警察中开展工作。同时还注重加强自身组织建设和发展壮大党的力量，经过艰苦工作，至抗战胜利前，天津抗联会员发展到一百余人，党总支所属党员约五六十人。图为天津抗联旧址（原河北区锦衣卫桥黄家胡同）。

天津青年抗日先锋队支部机关旧址（和平区原清和街芦庄子胡同）

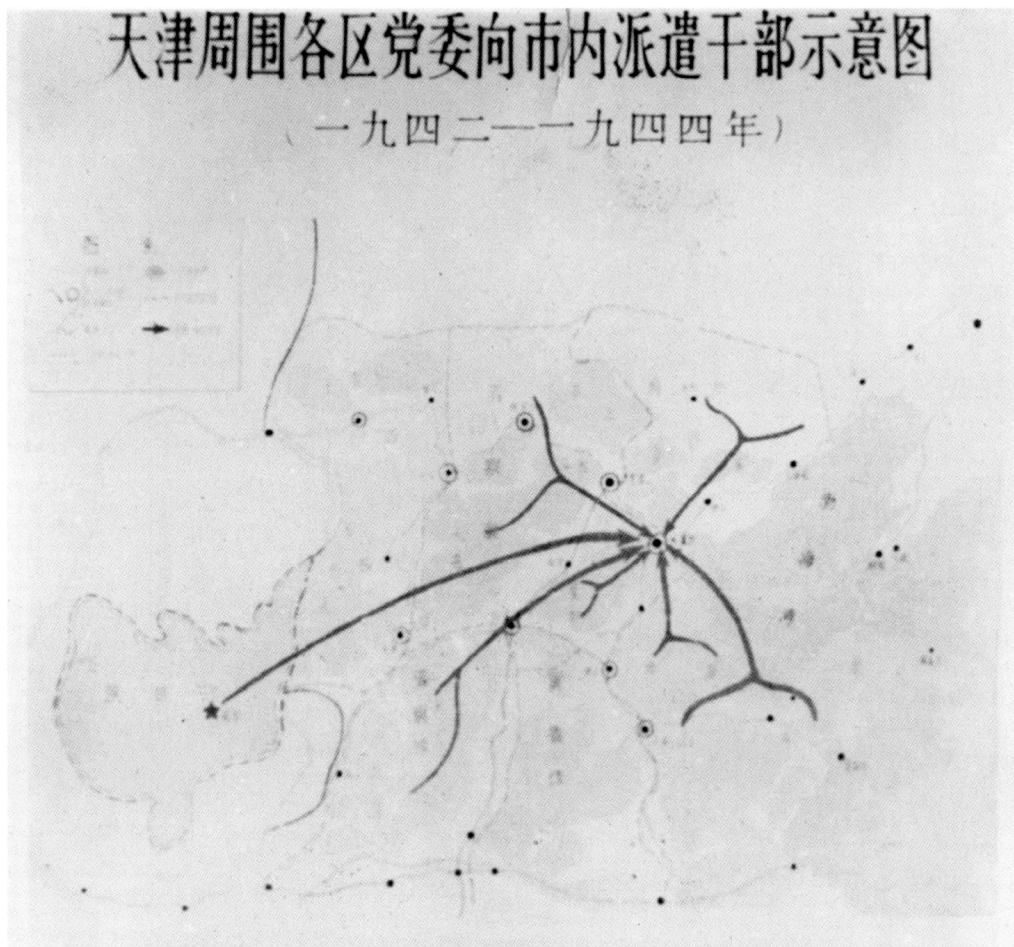

1944年，随着抗战形势的发展，中共中央作出应不断加强敌占区城市工作的指示。为贯彻中共中央和晋察冀分局指示精神，晋察冀分局城工部、冀中区党委、冀热边特委、渤海区党委、太行区党委和中共中央北方局系统的党委分别派出党员干部潜入天津，发展组织，积蓄革命力量。这些地下党组织和党员进入天津后，仍直接接受根据地党委领导，相互间不发生横向联系。他们以公开身份为掩护，在工厂企业、机关学校、市民群众中秘密开展工作，发展党的组织，使天津市内党组织及其领导的革命力量出现了自天津沦陷后从未有过的发展。图为1942年至1944年天津周围各区党委向市内派遣干部示意图。

中共晋察冀中央分局城工部联络站旧址现状（现和平区昆明路新宜里11号）

天津解放后娄凝先（右一）等和新宜里居民合影

1944年11月，冀东区委派《救国报》编辑、中共党员任朴赴津开辟工作。图为1945年4月迁到蓟县盘山的《救国报》滦西分社旧址。

晋察冀中央分局秘密联系
点旧址（河东区原大直沽中街
南何家胡同）

中共渤海区天津临时工作委
员会旧址（现河北区昆纬路五经
路向兴里6号）

冀中军区地下军手枪队总联络站遗址纪念牌

冀中军区地下军手枪队总联络站遗址现状（现河西区下瓦房宝和里6号）

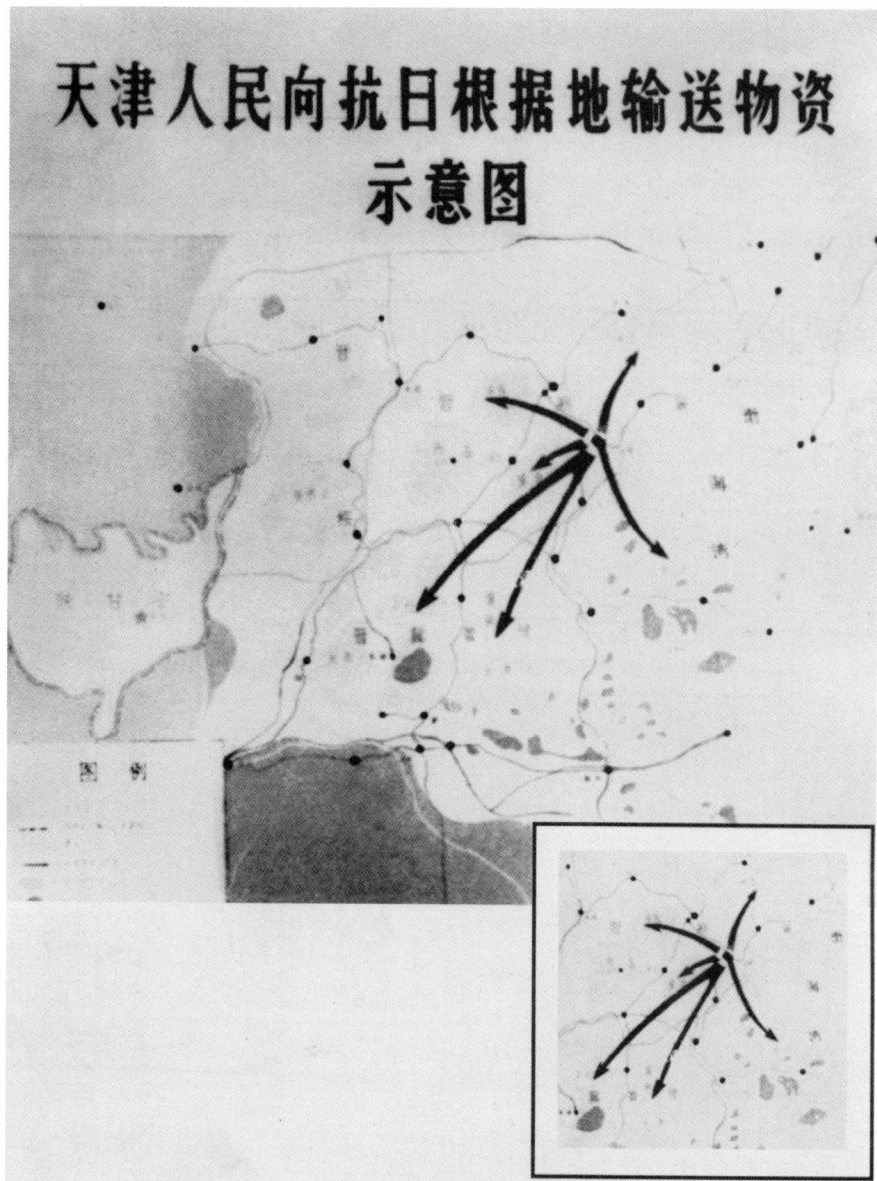

抗日战争时期天津人民向各抗日根据地输送物资示意图

为抗日根据地提供油墨、纸张、文具等物资的基地——天津益顺兴工厂，原址在现河北大街大胡同。

为抗日根据地筹集储运药品和医疗器械等物资的秘密据点之一 —— 估衣街中西大药房。

抗日战争时期为抗日根据地提供药品和医疗器械的天津上池馆大药房（街道左侧）

抗日战争时期天津人民向各抗日根据地输送各类物资的重要转运站——大红桥码头

二、根据地的局部反攻

世界反法西斯战争的节节胜利和全国抗日战场的局部反攻，给正处在日伪残暴统治下的天津军民以空前的振奋和鼓舞，使人们在漫漫长夜中仿佛看到了地平线上升起的曙光。刹那间，海河两岸、盘山之巅、芦苇荡内……到处活跃着天津军民打击日本侵略者的矫健身影。驻津日军陷入了人民战争的汪洋大海。

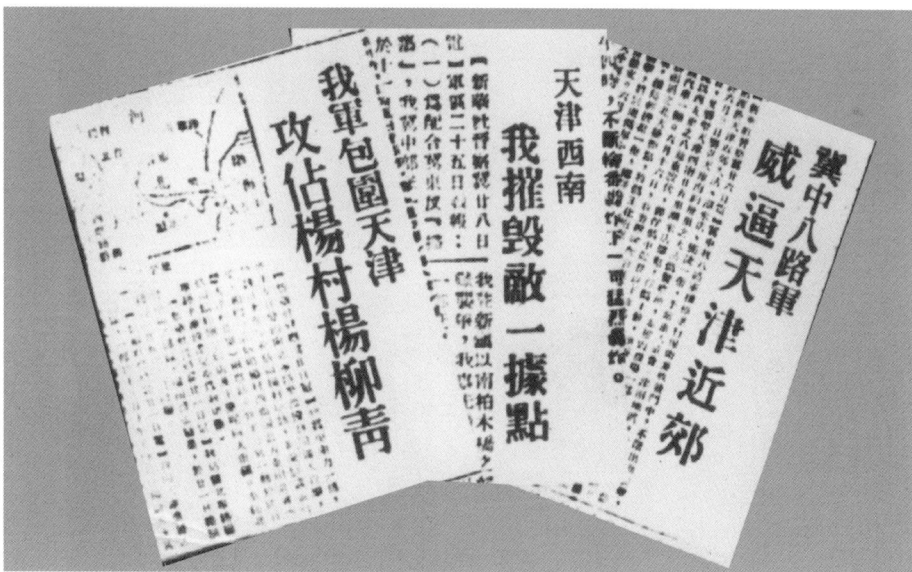

天津周边抗日根据地的巩固与扩大和抗日军民发动的攻势作战，不仅打击了日本侵略者，而且使各抗日根据地连成一片，并使天津处于抗日军民的包围之中。图为冀中军区八路军的战绩报道。

　　1944年8月，冀东军分区部队挺进玉蓟宝地区，攻克蓟县孔庄子、六百户、三岔口、上仓、下仓等29个据点，毙伤俘日伪军四百余人，迫使蓟县日伪军退守马伸桥、县城、邦均一线。蓟县平原、宝坻北部被敌人"蚕食"近两年的地区全部恢复。图为八路军进军蓟县平原地区。

八路军在青纱帐中

1945年5月，晋察冀军区部队开始对日军发起夏季攻势。图为向天津郊区逼近的津南支队指战员。

冀中八路军活动在天津市东南部六国水闸一带

三、抗战胜利

随着世界范围内反法西斯战争的节节胜利，1945年8月8日，苏联宣布对日作战。8月9日，毛泽东发表了《对日寇的最后一战》的重要声明。10日，朱德总司令命令各抗日根据地的部队立即向敌占区和交通要道发起反攻。8月15日，日本天皇裕仁以广播"终战诏书"形式，向全世界宣布无条件投降。10月6日，驻天津日军宣布正式投降。至此，天津人民终于在中国共产党的领导下迎来抗日战争的最后胜利。

1945年，冀中八路军发动对日反攻。图为冀中八路军攻入武清王庆坨据点。

　　在冀中八路军发起全面反攻的同时，冀东八路军也开始发起战略反攻。图为1945年9月，冀东八路军架梯登城，攻克冀东重镇蓟县县城。

八路军战士向日军射击

天津郊县军民拆毁敌人碉堡

大反攻时郊县军民缴获的日伪军武器

　　1945年8月14日，日本天皇接受波茨坦公告，宣布无条件投降。8月15日裕仁天皇通过广播正式宣布日本投降。中国人民经过14年艰苦卓绝的浴血奋战，终于取得了抗日战争的最后胜利。图为8月14日日本天皇向议会宣读波茨坦公告，并宣布无条件投降。

日军军官依次解下佩刀缴械，以示投降。

在国民党政府的要求下，美国海军陆战队第三集团军司令骆基中将率领的美军在塘沽登陆后，乘火车到达天津站，准备在天津接受日军投降。

1945年10月6日，驻津日军投降仪式在美军司令部（和平区承德道10号，原法租界公议局）前广场举行。图为在受降仪式前美军列队待命。

美国海军陆战队第三集团军司令骆基中将在受降文件上签字

日本天津驻屯军司令内田银之助在投降文件上签字

天津人民庆祝抗战胜利

天津人民庆祝抗战胜利

第六章 抗战英烈

◆

　　在天津人民抗日斗争史上，涌现出一大批为抗击外族侵略而英勇献身的革命英烈和民族英雄，吉鸿昌、包森、田野、杨十三、赵天麟等就是其中的杰出代表。当民族敌人的铁蹄践踏祖国神圣的土地，自己的同胞处于危难之际，他们挺身而出，大义凛然勇斗法西斯恶魔，直面呼啸而来的子弹，用自己的爱国言行唤起了千百万海河儿女投入抗日战争的洪流，用钢铁意志和血肉身躯筑就了一座座不朽的丰碑。

盘山烈士陵园革命烈士纪念碑

吉鸿昌（1895—1934），字世五，抗日英雄，爱国将领，河南省扶沟人。1913年参军，因为人正直、作战勇敢，曾任国民军冯玉祥部师长、军长等职务。1932年，加入中国共产党。1933年，同冯玉祥、方振武等组织察哈尔民众抗日同盟军，抗击日本侵略者。1934年，参与组织中国人民反法西斯大同盟，被推选为主任委员；秘密印刷刊物《民族战旗》，宣传抗日；联络各地武装力量，准备重新组织抗日武装。11月9日，在天津法租界被国民党军统特务暗杀受伤，遭法国工部局逮捕。11月24日，经蒋介石下令，吉鸿昌和任应岐一起被杀害于北平陆军监狱。

吉鸿昌就义前写给妻子胡红霞的遗嘱

吉鸿昌用的碗上烧制着父亲的遗训"作官即不许发财"

"国破尚如此，我何惜此头"
——吉瑞芝忆她的父亲吉鸿昌将军

□ 新华社记者 朱玉泉 李靖

吉瑞芝撰写的回忆父亲吉鸿昌的文章

任应岐（1892—1934），河南鲁山人。曾追随孙中山先生参加国民革命，后与南汉宸、吉鸿昌、宣侠父等在天津开展抗日救亡活动。1934年11月，在天津国民饭店与吉鸿昌同时被捕。11月24日，经蒋介石下令，任应岐和吉鸿昌一起被杀害于北平陆军监狱。

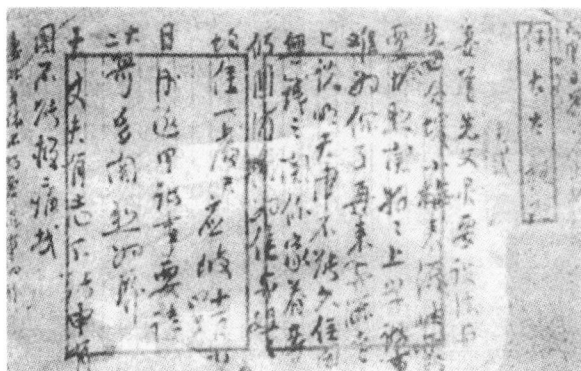

任应岐就义前遗书

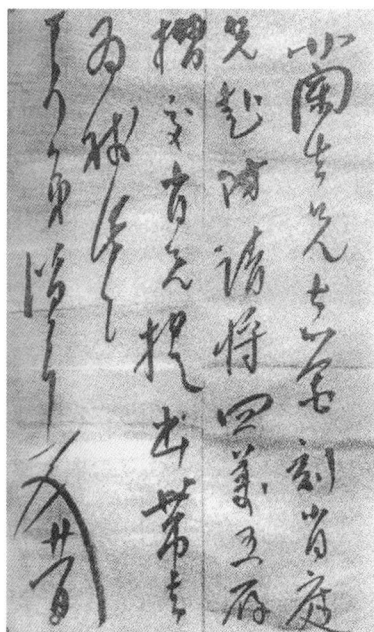

任应岐捐款手迹

　　包森（1911—1942），原名赵宝森，陕西蒲城人。1932年，加入中国共产党。1938年7月冀东抗日暴动后，奉命在冀东地区坚持游击战争，开辟盘山抗日根据地。曾任冀东军分区副司令员兼八路军十三团团长等职。1942年2月，在河北省遵化县野瓠山地区对敌战斗中牺牲。

矗立在盘山烈士陵园的包森烈士墓

田野（1915—1942），原名赵观民，河北保定人。1935年，加入中国共产党。抗日战争爆发后，参与组织华北人民抗日自卫委员会，后任中共平津唐点线工作委员会委员、冀东西部地委书记兼蓟宝三联合县县委书记。1942年，在河北省兴隆县对敌战斗中牺牲。

矗立在盘山烈士陵园的田野烈士墓

杨大章（1909—1944），天津人，1931年，加入中国共产党，在铁路系统从事党的地下工作。1938年初，任北宁铁路党团书记兼组织委员，1939年，奉命到平西抗日根据地工作，后任冀热边行署第一专署专员。1944年5月，在蓟县爨岭庙对日军作战时牺牲。

爨岭庙烈士陵园

阎志（女），原名阎国珍，中学毕业后投身革命，中共党员。一二·九运动中，参与发起成立天津抗日救亡团体——女同学会。后与丈夫杨大章一起赴平西抗日根据地工作。1944年在河北省丰润县杨家铺对日军作战时牺牲。

温健公(1908—1938)，原名文淦，广东梅县人。1928年，加入中国共产主义青年团，后加入中国共产党。一二·九运动爆发后，与杨秀峰等教授组织领导天津学生参加南下扩大宣传团的活动。1938年，赴山西抗日前线，12月26日，被敌机炸弹击中牺牲。

董毓华（1907—1939），湖北蕲春人。1925年，加入中国共产党。在一二·九运动中，参与组织了平津学生南下扩大宣传团的活动。抗日战争爆发后，参与组织领导冀东抗日暴动，1938年10月，任冀东抗日联军政委，后任联军司令员。1939年6月，因积劳成疾，身患重病，在河北省涞水县蓬头村军区医院病故。

闻永之（1904—1940），湖北浠水人。1926年，加入中国共产党，1935年，到河北省立法商学院任教。一二·九运动中，参与组织天津学生抗日救亡运动，1940年8月，奉调赴八路军总部，8月21日拂晓抢渡卫河时，遭日军汽艇袭击不幸牺牲。

洪麟阁（1902—1938），河北遵化人。1935年到河北省立工业学院任教，在一二·九运动中，参与组织天津爱国学生抗日救亡活动。抗战爆发后，参与组织华北人民抗日自卫委员会，为领导成员之一。1938年7月，任冀东抗日联军副司令员兼第三路军总指挥。1938年10月15日，在冀东地区与日军作战时英勇牺牲。

刘家玺（1923—1945），河北宛平（现北京市丰台区）人。1944年，加入中国共产党。同年，任中共渤海区天津临时工作委员会委员兼宣传部部长。1945年1月，渤海区天津工作委员会遭敌人破坏，刘家玺与工委代理书记胡子炎等4名负责同志被日军逮捕并杀害。

　　林皋（1913—1945），又名陈明久，河北迁安人。1935年加入中国共产党。1938年冀东抗日暴动后，奉命在冀东地区坚持抗日斗争，曾任蓟遵兴联合县二区区委书记、蓟遵兴联合县县委代理书记等职。1945年4月，在对敌战斗中英勇牺牲。

　　黄白莹（1917—1941），原籍广东南海，生于天津。1937年，加入中国共产党，是20世纪30年代天津著名的革命诗人。七七事变后投笔从戎，赴山东参加抗日斗争。1941年3月12日，在山东省肥城西南莲花峪参加对日作战时壮烈牺牲。

周文彬（1908—1944），原名金成镐，朝鲜人。1926年，加入中国共产党，曾参与组织领导开滦矿工大罢工。1939年底，参加盘山抗日根据地的开辟工作，任冀热边特委委员。1944年10月16日，在河北省丰润县杨家铺主持召开冀热边特委扩大会议时不幸被日伪军包围，在战斗中壮烈牺牲。

王少奇（1912—1944），河北香河人。1936年，加入中国共产党，曾任蓟县人民救国会宣传部部长、平密联合县县长、蓟宝三联合县县长等职。1944年10月16日，在丰润县杨家铺参加冀热边特委扩大会议时遭日伪军包围，在战斗中壮烈牺牲。

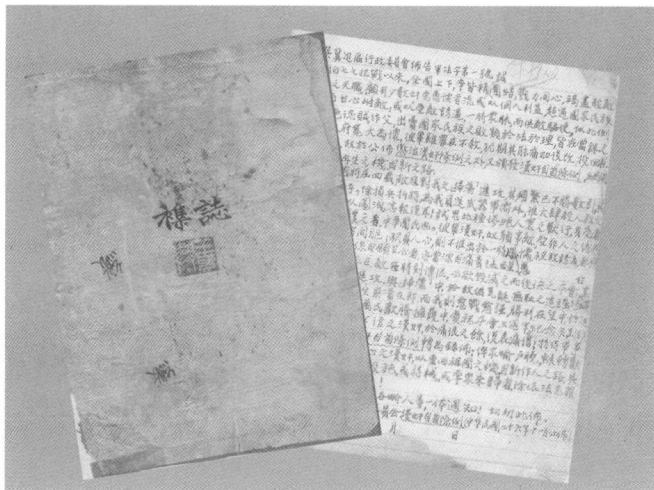

王少奇烈士日记

徐智甫（1907—1940），又名徐睿，天津蓟县人。1932年加入中国共产党，曾任冀东抗日联军第十六总队政治副主任、昌(平)延(庆)联合县县委书记等职。1940年8月28日，在北平延庆县黄土梁村对敌作战中英勇牺牲。

季安（1909—1944），又名安禄，天津蓟县人。1938年，加入中国共产党。1938年7月，参加冀东抗日暴动，并担任蓟东抗日联军第十六总队总务处长。1943年8月，任中共蓟遵兴联合县县委书记。1944年5月，在蓟县爨岭庙对日军作战时牺牲。

夏德元（1902—1942），天津蓟县人，1939年加入中国共产党。1938年7月，任蓟东抗日联军第十六总队副队长，9月，任蓟（县）遵（化）兴（隆）联合县游击支队队长，参加了盘山抗日根据地的创建工作。1941年，奉命去晋察冀抗大二分校学习。1942年初，毕业返回冀东途经平北赤城长涯山一带时被日伪军包围，在激战中英勇牺牲。

陈富轩（1913—1941），河北遵化人。1929年考入滦县师范附属小学，在校期间加入中国共产党。1938年7月，参加冀东抗日暴动，不久调任遵化县抗日联军第十八总队教导员。1941年3月，时任遵化县委组织部部长的陈富轩在遵化县康庄子参加县区干部会议时，不慎走漏消息，遭到八百多名日伪军合围，激战中壮烈牺牲。

李正斋（1906—1941），天津蓟县大田各庄人（原属遵化县）。1938年，加入中国共产党。1940年4月，任蓟平密联合县直属区区委书记，10月，任蓟宝三联合县一区区委书记。1941年4月，在蓟县史各庄参加区县干部会议时被捕，在狱中，威武不屈、大义凛然，8月，在蓟县县城西门从容就义。

刘进忠（1910—1941），天津蓟县人。1937年，加入中国共产党。1938年7月，参加冀东抗日暴动，任冀东抗日联军第十八总队军事教练。1940年，任八路军十三团二营副营长。1941年7月，所在部队在青山一带与日伪军遭遇，在激战中壮烈牺牲。

刘旭东（1909—1942），天津蓟县人。1938年，加入中国共产党。1940年，任蓟（县）宝（坻）三（河）联合县五区区委书记。1942年6月，由于叛徒告密，刘旭东藏身的秘密地洞被日伪军包围，在劝降遭到严词拒绝后，日伪军开始用柴草熏洞，刘旭东在地洞中英勇牺牲。

杨十三（1889—1939），河北迁安人。1929年，任河北省立工业学院教授。1935年，组织学生参加一二·九运动。抗战爆发后，参与组织华北人民抗日自卫委员会，为领导成员之一。1938年7月，参加冀东抗日武装暴动，任冀东抗日联军第一路军政治主任。1939年7月21日，因长期劳顿，身患重病，与日寇在太行山作战转移时牺牲在担架上。

赵天麟（1886—1938），字君达，天津人。曾任北洋大学校长、耀华学校校长。天津沦陷后，他以耀华学校为阵地，同日本侵略者进行斗争，带领耀华学校师生坚决抵制敌伪当局强制推行的奴化教育，保护抗日爱国学生。1938年6月，被日本特务暗杀。

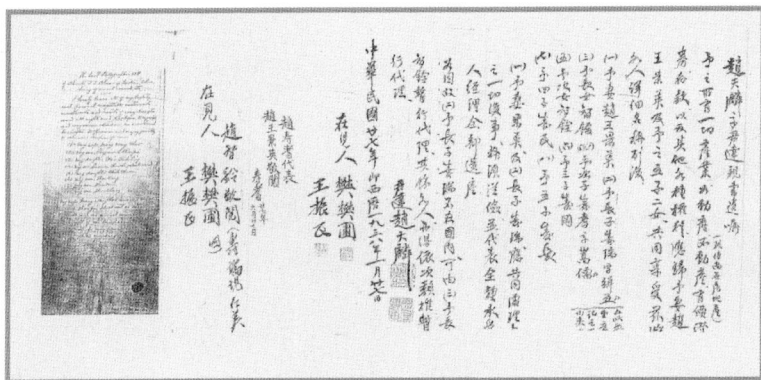

赵天麟烈士遗书

赵天麟革命烈士证明书

大 事 记

1896年

7月21日 清朝政府因在中日甲午战争中战败被迫同日本政府签订《中日通商行船条约》，共29款，主要内容是：中日两国可互派使节驻于对方首都，可在对方通商口岸或准驻领事之处设立总领事、领事、副领事及代理领事；在中国各通商口岸，允许日本人从事商业、工艺制作及其他合理事业，准日人赁买房屋和租地造教堂、建医院、坟墓等；准许日本人前往中国内地各处游历、通商；凡各货物日本人运进中国或由日本运进中国者，日本人由中国运出口或由中国运进日本者，"均照中国与泰西各国现行各税则及税则章程办理"；日本在中国取得领事裁判权；日本在中国取得最惠国待遇。多年来，日本统治者企图在中国得到的各种特权，至此全部实现。

1898年

8月29日 根据《中日通商行船条约》，清朝政府和日本政府签订《天津日本租界协议书及附属议定书》，划定日本租界，南临天津法租界，西北与天津老城相望，总面积1667亩。1900年以后，日本租界数次强行扩张，至1903年天津日租界总面积达2160亩。日本在天津租界内相继修建了领事馆、医院、学校、公园、神社和军营等设施，使租界成为设在天津的"独立王国"。日本驻天津总领事馆地位极其显赫，青岛、济南、张家口、太原的日本领事馆统归天津总领事馆管辖。当时，天津日租界不仅是日本军国主义者侵略华北、掠夺华北经济资源的指挥中心，还是走私、贩卖烟土、制造毒品、抢掠华工的大本营。

1931年

9月18日 日本驻中国东北地区的关东军按照精心策划的阴谋，由铁道守备队炸毁沈阳柳条湖附近的南满铁路路轨，并嫁祸于中国军队，这就是所谓的"柳条湖事件"。日军以此为借口，突然向驻守在沈阳北大营的中国军队发动进攻。由于东北军执行蒋介石的"不抵抗政策"，当晚日军便攻占北大营，次日占领整个沈阳城。日军继续向辽宁、吉林和黑龙江的广大地区进攻，短短4个多月内，128万平方公里、相当于日本国土3.5倍的中国东北全部沦陷，三千多万同胞成了亡国奴。

9月19日 九一八事变爆发后，天津河北省立工业学院全体师生集会，声讨日本侵略罪行，讨论抗日救国办法，决定组织学生军，加紧军训，随时准备投笔从戎。同时集股成立消费合作社，专售国货，抵制日货。

9月20日 天津各校爱国学生联合成立天津学生救国联合会，呼吁"停止内战，一致抗日，以纾国难"。南开中学、省一中、天津女子师范学校、汇文学校、中日中学、三八女中、南开大学、省立法商学院等校学生纷纷组织青年读书会，阅读革命刊物，讨论形势，开展抗日宣传。

9月27日 宝坻区（县）爱国民众举行各界人民代表大会，宣布全县30万人民誓死救国，并作出6项抗日救亡决议。

10月10日 北宁路天津东站货厂机车工人同各站工人推举二百多名代表，向该站国民党当局请愿，要求发给9月份工资，并迅速安置由于日军侵占东北而逃入关内的千余名工人之生计，斗争取得胜利。

10月24日 平津学术团体反日联合会召开常务会议，就抵制日货事作出4项决议。

11月8日 日本关东军特务机关长土肥原贤二在天津秘密策划组织发动了便衣队暴乱，给天津市民生命财产造成很大损失。国民党天津当局宣布实行戒严，令保安队、手枪队、铁甲车队全体出动，拘捕暴乱者61人。

11月10日 天津、北平各大学抗日救国会分别召开大会，抗议日本策动天津便衣队暴乱。

11月中旬 天津、北平各大中学校，在党组织发动下，纷纷组织南下请愿团，到国民党中央政府所在地南京示威请愿要求抗日。

11月25日 天津比商电车电灯公司工会发表《抗日救亡宣言》，呼吁全市和全国工人"团结一致"，"督促政府速定对日宣战的方针，恢复民众运动"，"官民合作救我危亡之中国，夺回失去的领土，歼灭残暴的倭奴"。

12月23日 天津市各业工会救国联合会召开成立大会，发表宣言并通电全国，呼吁："在外侮日甚、国难当头之际，特受天津全体数十万工人之请，吁请全国各界立即行动，共纾国难，救国家民族之危亡。"

1932年

1月6日 天津市各业工会救国联合会在电车工会举行记者招待会。会议指出，现在东北完全失陷，困难日急，而政府仍无正当办法，决定发起组织请愿团，并宣布不得购用日货，以杜绝日寇之经济侵略，并组织义勇军。

1月21日 津浦铁路工人举行代表大会，推选三十多人组成南下请愿团请愿，要求国民政府抗日救国。

5月 天津反帝同盟成立，成员有三十多人，大多数为青年学生。

9月18日 为纪念九一八事变一周年，中共天津市委组织党员和反帝同盟成员，在津浦大厂和恒源纱厂门前举行集会并散发传单，宣传抗日救亡思想；天津"剧联"在南开中学演出了抗日话剧，在社会上产生了较大的影响。

11月 中共天津市委在各学校发动成立声援东北义勇军后援会，河北工学院、扶轮中学和南开中学等校相继成立声援东北义勇军后援会。

1933年

4月17日　中共河北省委发出关于武装保卫平津与华北，扩大民族革命战争的紧急通知，要求建立最广泛的下层统一战线，成立天津市民抗日保卫天津协会或天津救亡协会，挽救天津和华北危局。

5月1日　天津市各业工会救国联合会举行五一国际劳动节纪念大会，决定通电全国工人建立武装组织，参加抗日救亡活动。

5月26日　在中国共产党的推动和影响下，爱国将领冯玉祥、吉鸿昌（中共党员）、方振武在张家口建立察哈尔民众抗日同盟军，宣布对日作战。抗日同盟军得到全国人民的广泛同情和支援，天津一些学校的爱国师生纷纷奔赴张家口参加同盟军。天津市委宣传部部长潘漠华也到张家口，参加《老百姓报》的编辑工作。

1934年

3月　根据党的指示，南汉宸到天津，很快与吉鸿昌、宣侠父取得联系，积极开展抗日民族统一战线工作，联络各地抗日反蒋力量。

4月20日　中共中央以中国民族武装自卫委员会筹备会的名义提出，并经宋庆龄、何香凝等1779人签名的《中国人民对日作战的基本纲领》发表，呼吁中华民族实行武装自卫，把日本帝国主义驱逐出中国。天津进步文化团体都参加了签名运动。

5月9日　中共天津市委向市民发出五九纪念宣言，建议同胞不要忘记19年前，北洋军阀袁世凯签订的卖国"二十一条"给中国带来的耻辱，不要忘记日军进攻天津的"余痛"，成立"抗日会"，成立"保卫天津大同盟"，积极武装起来，保护天津。

5月　在党的领导下，吉鸿昌、南汉宸等在津组织成立了中国人民反法西斯大同盟，出版刊物《民族战旗》，宣传党的抗日民族统一战线主张，号召奋起抗日。

7月12日　中华民族武装自卫委员会筹备会发表《反日宣言》，天津、北平等地反帝爱国人士纷纷签名拥护。

8月20日　中华民族武装自卫委员会华北分会筹委会发表《告华北同胞书》，呼吁"不分民族、宗教、党派、性别，一致联合结成统一战线，成立中华民族武装自卫委员会华北分会，派代表参加上海总会的成立大会"。

9月18日　中华民族武装自卫委员会天津纱厂分会发表《分会成立宣言》，其主要内容：一是揭露国民党反动政府出卖东北、出卖华北的罪行；二是号召工人积极签名加入中华民族武装自卫委员会天津纱厂分会，进行反对日本帝国主义、国民党和资本家的斗争。

10月10日　中共天津市委召开群众反帝大会，会上演出了宣传抗日救亡的新剧，并散发了二百余份《告同胞书》。

10月　日本侵略者为加紧对华北和天津的侵略，在市郊八里台修建飞机场。天津地下党组织派人深入工地，向工人们进行宣传，同时印发了《河北省委告飞机场工人书》200份。在党的宣传影响下，工人们举行了形式多样的怠工斗争。

11月9日　共产党员吉鸿昌在法租界国民饭店与广西代表接头时，遭国民党特务枪击，受伤后被捕。14日，吉鸿昌被法国工部局引渡给国民党当局审讯，随后被关押在河北蔡家花园陆军监狱。22日，吉鸿昌被押解至北平军分会军法处。24日，吉鸿昌在北平英勇就义。

12月8日　天津武装自卫代表会正式召开，共有51个分会代表参加，会上成立了中华民族武装自卫会天津分会。

1935年

3月　在党的地下组织影响下，天津一些进步诗人发起成立草原诗歌会，出版《诗歌月刊》，运用诗歌揭露日本帝国主义侵略罪行，歌颂人民抗日爱国热情，受到广大群众，特别是青年学生的欢迎。

11月1日　天津女师学院、法商学院、中西女中、汇文中学与北平汇文、贝满、清华、燕京等10个学校学生自治会联合发表《为抗日救国争自由宣言》，谴责了国民党政府镇压民众抗日活动的行径，强烈要求拥有言论、集会、结社自由。

12月9日　在民族危亡的关键时刻，中共北平地下组织领导的北平各大中学校学生四五千人，举行了声势浩大的抗日救国大游行。高呼"反对华北自治运动！""打倒日本帝国主义！""停止内战，一致抗日"等口号。国民党当局进行了镇压，逮捕了一些爱国学生。一二·九运动掀起了一个以学生运动为先锋的人民抗日救亡运动新高潮。

12月12日　天津南开中学致电北平燕京、清华大学两校学生自治会，声援北平各校同学爱国斗争，同时致电宋哲元及南京政府，要求立即释放北平被捕学生。

12月18日　在天津法商学院教授、地下党员杨秀峰、温健公等的组织领导下，由法商学院学生发起，联合北洋工学院、南开大学、女师学院、工业专门学校以及扶轮、水产、汇文、女师等十余所大中学校五千多名学生，举行了声援北平爱国学生的大游行，许多市民也自动参加了游行。下午，游行队伍在南开操场召开了全市学生大会，决定成立天津市学生联合会，要求"停止内战，一致对外抗日"。

12月19日　天津大中院校学生举行罢课，北洋、法商、工业专门学校等校学生组成纠察队，维持各学校内的秩序。

1936年

1月2日　在党的领导和平津学联倡议下，北平、天津组织平津学生南下宣传团，深入河北农村进行抗日宣传。8日，天津的南下宣传团与北平的南下宣传团在河北固安会合，共同通过了响应中共中央发出的"停止内战、一致对外"号召的宣言。

2月16日　在南下扩大宣传团团员的要求下，党的外围组织中华民族解放先锋队成立。

3月8日　中共天津市委妇女工作部部长张秀岩等人，发起成立了天津妇女救国会。

3月　为贯彻瓦窑堡会议精神，加强党对华北地区抗日救亡运动的领导，中共中央派刘少奇到天津，主持北方局工作。月底，刘少奇到达天津，立即着手对华北形势、河北省委工作以及抗日救亡运动进行调查研究，同时对天津市委的工作给予直接的指导。

4月　中共天津市委大力开展抗日民族统一战线工作，迅速成立了天津民众救国会、天津工人救国会、天津农民救国会，天津学生联合会也改名为天津学生救国联合会。天津教育界、新闻界、银行界及民族工商业爱国人士，也联合成立了天津各界救国会。天津市委在天津各界救国会中成立了党团组织，由杨秀峰任党团书记。一个包括各阶层、各阶级的广泛的抗日民族统一战线逐步形成。

5月28日　在中共天津市委组织领导下，天津大中学校万名学生和市民举行声势浩大的反日示威游行。

7月1日　天津各大中学校陆续放暑假，中共天津市委经与天津学联协商，决定建立暑期义务教育促进会，组织爱国学生深入农村，开展义务教育，宣传抗日救亡。

7月8日　平津学联组成请愿团赴南京，向国民党五届二中全会请愿，要求：动员全国各民族、团结各党派一致救亡；开放党禁，释放政治犯，保障人民言论、集会、结社、出版及一切爱国活动自由；废止维护治安紧急治罪法，撤销取缔平津学联的命令；取消一切制止学生运动的通令，禁止解聘爱国教员和无故开除学生。

8月10日　在抗日救亡运动高潮中，进步文化团体青玲艺话团为实践"戏剧大众化"的口号，到西郊区（现西青区）小园等地演出反映农村题材的话剧《金宝》，受到农民欢迎。

10月25日　华北日军在平津附近举行挑衅性演习。在抗日救国运动影响下，国民革命军第二十九军在红山口及固安镇也举行大规模的对抗性的军事演习。为鼓舞二十九军官兵的抗日热情，中共中央北方局组织平津学生前往参观助威，并与士兵一起参加冲锋，使二十九军官兵斗志大增。此后，天津学生经常深入二十九军驻地，宣传抗日救国道理，演出抗日戏剧，极大地改善了二十九军官兵与学生之间的关系。

11月13日　绥远抗战爆发，中共天津市委组织天津各校学生和市民积极为抗战士兵募捐、赴前线进行慰问等活动，掀起一个支援绥远抗战的热潮。

11月17日　南开大学学生发起缝制万件棉军衣支援绥远抗战活动，法商学院学生成立绥东抗战将士后援会，教职员成立募捐援绥委员会。

11月22日　天津学生绥远抗战后援会正式成立，并召开代表大会，决定继续募捐，同时，组织各校成立医疗救护队，奔赴前线救护伤员。

11月30日　天津学生救国联合会召开会议，决定组织宣传队，在市内及四郊开展募捐活动，支援绥远抗战。

12月1日　天津学生救国联合会组织各校学生在中国大戏院举办募捐义演，各界群众踊跃观看。

12月5日 华北各界救国联合会成立大会在天津举行。天津学生救国联合会、"民先队"及北平学联选派代表出席成立大会，出席会议的文教界知名人士有杨秀峰（中共党员）和张友渔（中共党员）等。会上讨论了救亡团体的团结合作和进一步支援绥远抗战等问题，并宣告华北各界救国联合会正式成立。

12月6日 天津《大公报》报道，截至当日，绥远前线收到天津各界捐款七十余万元，仅12月5日一天，《大公报》就代收捐款3000元。

1937年

1月10日 天津海风社、草原诗歌会同北平黄沙诗歌会、南京我们诗歌社、苏州诗歌作者协会、山东齐飞诗会、上海诗歌青年会、广州诗场杂志社、江阴风沙社、湖州飞沙诗会等14个团体，发起成立了中国诗歌作者协会，并联合发表宣言，呼吁大家"联合起来"，"为争取中华民族解放的胜利"而写作。

2月11日 平津学联组织请愿团，赴南京向国民党五届三中全会请愿，要求对外抗战、对内和平。

2月22日 国民党五届三中全会结束。在全国各族人民的压力下，国民党接受了"停止内战、一致抗日"的主张。国共合作的抗日民族统一战线初步形成。

3月25日 天津海关爱国职工截获日本人偷运出境的大批铜元。

3月30日 天津学生救国联合会派出代表慰问天津海关，表示大力支持海关当局缉私工作，坚决做缉私工作的后援。

4月1日 天津学生救国联合会组织北洋、扶轮、南大、三八、工业学院、南中、女师等校学生，利用放春假成立旅行团，到近郊逐村演出抗日话剧，教唱抗日歌曲，宣传抗日救亡思想。

5月1日 天津学生救国联合会开展"拒私"运动，向广大市民宣传使用国货、拒用私货，南大、女师等校还展出各种私货，宣传走私危害。

7月7日 晚7时许，北平西南丰台附近的日本驻屯军清水节郎中队，向驻守宛平县城的国民革命军第二十九军突然发起进攻。二十九军奋起抵抗，卢沟桥事变爆发。

7月8日 中共中央发布《中国共产党为日军进攻卢沟桥通电》，号召实行全民族抗战，武装保卫平津，保卫华北。

7月9日 天津《大公报》《益世报》以醒目标题，报道了日本侵略者发动卢沟桥事变的消息。同日，天津学联成立"卢沟桥抗敌后援会"，开展募捐活动，发动学生奔向街头宣传抗日。

7月11日 进步文艺团体海风社发表宣言，提出"毫不犹豫地站在时代前头，肩负起民族兴亡责任"，"一致奋起，共图生存"。

同日 南开大学学生发表《为卢沟桥事变告各界民众书》，提出"拥护二十九军抗日"口号。

7月14日 日军频繁增兵华北，并对北平、天津形成包围。

7月15日 天津各界救国联合会在英租界内成立。

7月17日 日军兵车由河北榆关进入天津，强占了天津火车西站海关检验所。

7月21日 日军占领天津东站，在此设立停车场司令部和兵站司令部。同日，三艘日军军舰抵达塘沽。

7月23日 中华民族解放先锋队总部负责人陈平舟来天津开展工作，组织青年学生赴根据地抗日。

7月27日 日军占领天津火车总站（北站）。此时日军在天津的军事部署：东局子机场有30架军用飞机、1个步兵中队；海光寺兵营有1个联队，配备十几门大炮；火车东站、总站各有1个小队。此外，在大沽口停靠3艘军舰。当时总兵力约五千人。

同日 天津河东区义信里的群众冲上日军军用列车，把车上的食品等军需物资全部抢光，这就是天津人民配合前线抗战、打击日军的 "抢粮台" 斗争。

7月28日 驻守天津的国民革命军第二十九军三十八师副师长兼国民党天津市警察局局长李文田召开军政要员会议，决定主动出击，攻打驻津日军，并发通电："誓与津市共存亡"。

7月29日 凌晨，驻防天津的二十九军三十八师和保安队主动出击，向日军占据的铁路总站（现北站）、东车站（现天津站），以及海光寺兵营、东局子飞机场等地发起攻击，给予日军重大杀伤。

7月30日 日机轰炸天津，目标集中在车站、南开大学、法院、造币厂、南开中学、李公祠等数十处。下午，日军又集中炮火向国民党河北省政府和天津市警察局等要害部门轰击。是日，天津沦陷。据统计，当日死于战火中的市民有二千余人，难民十万人以上。

同日 守卫在华新纱厂（现天津印染厂）水楼上的4名天津保安队战士，同日军展开殊死搏斗，子弹打光后，4位勇士冲出水楼与侵略者展开白刃战。最后全部壮烈牺牲。

7月31日 中共天津市委书记姚依林指示津西王兰庄（现属西青区）党支部，立即组织群众破坏交通线，阻止日军南下。在党支部书记路平领导下，王兰庄村民破坏了陈塘庄至西站的一段铁路。

8月1日 在日本驻屯军和日本特务机关的直接操纵下，傀儡政权天津市地方治安维持会成立。日本特务机关在日租界福岛街（现多伦道）公开挂牌大日本天津陆军特务机关。日本宪兵队在天津福岛街西部（后迁至中原公司后面）公开成立日本宪兵队天津总部。

8月3日 日军进入大沽，塘沽地区被日军占领。

8月6日 中共中央北方局领导人刘少奇、彭真决定，凡不能在平津立足的共产党员和抗日人员，都要撤出并设法到乡村拿起武器打游击。按照这一指示，天津市委决定，除留下少数人员坚持市内地下抗日工作外，组织党员、民先成员、救亡团体成员聚集英租界分批乘英船离津：一路奔赴太原、延安；一路去河北保定转八路军抗日根据地；一路南下走津浦线到河北省东光一带开辟新区。此项工作到转年下半年结束，市内仅留下小站、王兰庄、西北乡3个农村党支部和市内极少数党员、民先队员坚持工作。

8月　在中共天津市委书记姚依林的领导下，重建民先天津地方队部，并在民先队部内建立党支部，开展抗日救亡活动。

同月　华北各界救国会从北平迁到天津。为了广泛组织发动各界群众抗日，中共河北省委决定，把华北各界救国会改名为华北人民抗日自卫委员会。

同月　为适应形势需要，中共敌后河北省委在天津成立，李运昌任书记。

同月　中共天津市委书记姚依林指示原天津女同学会地下党员阎国珍恢复组建女同学会，开展抗日宣传，组织妇女活动。1938年下半年，她们油印出版了内部刊物《妇女》。1939年2月，阎国珍奉命赴平西抗日根据地，女同学会活动终止。

同月　日军占领天津后，接管第一、二、五、六电话分局和电报局，电话南局（指三、四电话分局）工人在地下党的领导下展开"抗交"斗争，坚持近三年。

同月　天津《益世报》经理生宝堂，因刊发抗日消息，宣传抗日新闻，被日本特务杀害。

同月　天津铁路职工二千六百余人拒绝为日军服务自动离职。

9月9日　中共河北省委宣传部部长李大章向北方局汇报工作后返津，向省委书记李运昌、组织部部长马辉之传达北方局书记刘少奇的指示：李运昌赴冀东准备发动抗日暴动，马辉之任河北省委书记，姚依林任省委宣传部部长兼天津市委书记。

9月10日　天津工人救国十人团散发《告工人书》，号召工人和全市人民团结起来，共同抵抗日军侵略。

11月　中共西北乡支部书记孙振武与华北人民抗日自卫委员会取得联系，以特派员身份组建津郊抗日锄奸团，同时在津北、武清、安次一带组建了华北人民抗日自卫联军第二十六、二十七支队，与日伪军展开斗争。

12月2日　天津工人救国联合会成立，其方针是团结工人积极分子共同抗日救国。

12月12日　耀华学校校长赵天麟召集租界区教育界五十多位中小学校长和教师举行会议，号召"救国抗日到底，决不当亡国奴"，并通过决议：不改原有教科书，各校一律不买日货。

12月14日　华北伪政权"中华民国临时政府"在北平成立，管辖范围为：河北、山西、山东三省，河南省北部、江苏省北部，北平、天津两个特别市。

12月　中共王兰庄支部领导发动党员以各种身份作掩护，在八里台、西营门一带散发抗日传单。

1938年

1月　民先天津地方队部市民组成员李锟，遭日本宪兵队抓捕后被石碾子磨成肉泥投入海河。

3月8日　天津地下党组织负责人王森领导的爆破组，派公大六厂女工章巍和王淑媛，巧妙炸毁日本特务活动点田野洋行。

4月5日　天津电话局技术负责人朱新寿上班途中，遭日本宪兵劫持，逼其交出电话全局的机线图纸，他拒绝后被杀害。

5月23日　六里台中日学校一所楼房被抗日战士炸毁。

5月24日　民先天津地方队部机关遭日本宪兵队破坏。

5月30日　中共河北省委以华北人民抗日自卫委员会名义在法租界召开秘密

会议，决定在冀东成立华北抗日联军，对日军展开武装斗争。

6月27日　天津耀华学校校长赵天麟，从住地昭明里去学校，行至英租界伦敦道（现成都道）时，被两名日本特务枪杀，时年52岁。

6月　日伪军在市内任意搜捕居民，凡被视为抗日分子者均遭逮捕。

7月5日　蓟县县委根据上级的指示，决定提前举行冀东暴动。6日起，以港北起义为开端，冀东抗日暴动爆发。14日，在蓟县县委的领导下，邦均打响了冀东西部抗日暴动的第一枪。10月，在日伪军的联合夹击下，暴动队伍受到严重损失。

7月31日　八路军四纵队与抗联队伍攻入蓟县县城，成立蓟县抗日民主政府。

7月　冀东暴动后，中共中央北方局决定，河北省委从天津迁往冀东。

8月12日　日本华北方面军重新在天津设置驻中国宪兵队司令部。

8月28日　日伪当局全面控制天津新闻出版，全市12家报纸只准6家汉奸报纸出版。

9月　根据中共中央北方局指示，成立中共平津唐点线工作委员会，负责北平、天津、唐山三个城委和北宁、平绥两条铁路线党组织的抗日工作。

同月　在中共天津市委书记姚依林的具体筹划和领导下，市委建立了自己的秘密电台。

同月　日军对市内很多工厂实行"军事管理"，并强占天津久大精盐厂、永久化学股份公司、大沽造船所等多个企业。

10月26日　日伪当局进行全市户口大检查，对"可疑者"肆意逮捕。

10月　在塘沽新港码头，停靠着1艘3000吨级的营口丸号日轮，内装日军从天津、河北省等地掠夺的棉花。革命志士趁装货之机，把定时燃烧物塞进棉包堆里。营口丸号日轮离港不久，棉包起火，全部棉花化为灰烬。

11月12日　日军调动日伪军六千多名，以北宁路及平津为基点，分别由天津、廊平、北平、高碑店、徐水出发，围攻大清河以北的八路军主力。

11月　中共平津唐点线工委决定成立北宁铁路党委，组成党的外围组织北宁铁路职工抗日救国会，并建起秘密交通线，输送军用品、药品到抗日根据地。

12月　日伪当局通知各学校：彻底取消旧教科书，一律改用新课本；不准使用旧版中国地图；改用日本东京时间作息（提前一小时）；各学校必须讲授日语课，派日本教官到各中学任教。

1939年

1月1日　日伪当局封锁天津法租界。

1月　天津民先队部市民组（在业青年和失业青年）队员发展到一百多人。

2月中旬　蓟县盘山独立游击大队成立，队长卜静安。游击大队在蓟县、三河、平谷交界地区开展抗日活动。

3月8日　驻津伪满大东公司用欺骗手段招募华工三百余人，送往东北修筑铁路。

4月9日　抗日杀奸团成员在英租界大光明影院刺杀了汉奸、华北联合准备银行天津支行经理、伪天津海关监督程锡庚。

4月18日　日伪当局开始修建塘沽至新港的深水码头，用以掠夺中国物资。

4月26日　包森率领抗日游击队在盘山设伏，毙伤到盘山地区"扫荡"的日伪军百余人，击毁汽车5辆，生擒日本天皇表弟、遵化宪兵司令赤本大佐。

5月16日　中共平津唐点线工委天津城委正式成立，顾磊任书记，直接领导的支部有小站支部、王兰庄支部、公大纱厂和北洋纱厂联合支部、天津站支部、青抗先支部、民先队部支部和秘密电台等。

7月24日　英驻日大使克莱琪与日本外务大臣有田八郎就汉奸程锡庚在天津租界被杀在东京达成协议，并将在天津英租界被捕的4名抗日杀奸团成员引渡到日本。

7月至8月下旬　受台风影响，华北地区出现了三次大规模降雨。永定、大清、北运、潮白、南运、子牙、滏阳、滹沱河等河堤决口。8月20日，洪水冲倒围堤，天津市区进水。一般街道水深一米半左右，新仓库附近水深1.8米至2.4米，淹没期达一个半月，到9月底开始退水。淹没面积占市区面积的78%，全市灾民达65万余人。

9月3日　日伪当局以救济天津水灾为名，由满洲劳动协会在天津灾民区强制拉壮丁数千人，陆续运往东北地区做苦工。

9月13日　抗日杀奸团成员焚毁了日军在四经路的军用仓库。

10月　华北交通公司所属天津铁道工厂（机车车辆厂）工人举行罢工斗争，抗议日本工头囚禁、毒打中国工人，斗争坚持了七天，迫使日方资本家释放了工人。

同月　伪天津市长温世珍与天津日本防卫司令部勾结，将难民收容所中的青壮年以疏散到唐山安排职业为名，劫运到伪满洲国或日本本土充当劳工。

1940年

1月28日　日军再次封锁天津英、法租界，他们把铁丝网通电，禁止食品运进租界，给居住在租界内的人民生活造成严重困难。

1月　中共中央北方局成立城市工作委员会，派遣干部到各城市，建立和整顿党的组织。

2月　因面粉涨价，连日发生抢粮事件。北站两列载有面粉的火车被饥饿的市民抢光，日伪军警开枪镇压，6人当场被打死，伤数人。

3月2日 日伪当局在天津招募华工2500名，由塘沽转运到伪满洲国和日本本土。

4月15日 蓟平密联合县成立，这是盘山地区第一个抗日政权，标志着盘山抗日根据地初步形成。

4月25日 日本驻天津陆军特务机关授意伪市长温世珍发起献铜献铁运动。温世珍亲自兼任天津市献铜献铁运动委员会委员长。他责成警察局局长阎家琦负责，武力摊派，变相抢掠。天津爱国人士及工商业者为反对此举，有的将铁和铜制品卸下后乘夜抛进海河。

7月25日 晋察冀军区决定成立冀东军分区，李运昌任司令员，包森任副司令员兼第十三团团长。

7月28日 包森指挥4个连伏击并全歼"扫荡"盘山的日本关东军1个骑兵中队七十余人，首创冀东一次歼灭日军整个中队的战绩记录。

9月30日 天津英、法、意租界当局屈于压力，被迫把天津电话局管理权全部移交日军。至此，天津电话局职工的"抗交"斗争宣告结束。

10月 中共平津唐点线工委天津城委决定，成立党的外围组织——中国青年抗日先锋队（简称青抗先）。

1941年

1月11日 伪天津新民会规定，每月11日为"灭共日"，由伪新民会向青年及市民进行反动宣传。

2月11日 伪天津警察局为了"加强治安"，镇压抗日活动，公布实行"居民证"制度，同时下令禁止居民收听短波广播。

3月7日 日本经济掠夺机构——华北垦业公司在天津成立。

3月30日　伪华北政务委员会委员长王揖唐宣布：在河北、山西、山东、北平、天津等地开展为期5天的第一次治安强化运动。3月30日至4月3日，天津出动警察和保甲人员2.8万余人，进行全市户口大检查，搜捕抗日人员。

3月　中共平津唐点线工委天津城委在党的外围组织青抗先成员中发展党员，并建起党支部。1942年3月，该支部转交中共晋察冀中央分局城工部直接领导。

4月　周恩来派遣中共中央南方局干部龚炜（龚伦之）到天津做秘密工作，任务是打入中国实业银行，搜集重要经济情报。

7月7日至9月8日　日伪当局在华北地区推行第二次治安强化运动，目的是镇压华北地区民众的抗日活动。

8月24日　伪华北防共委员会在天津成立。该会隶属伪华北政务委员会，专门从事反共活动，委员长是王揖唐。天津成立防共委员会分会，会长为温世珍。

9月15日　伪天津特别市公署宣布实行"配给制"和"物资统制"，规定米谷统一由精谷会社和产米区的警察所强制收购，并指定芦台、军粮城、小站及大城、文安等19个县所产米谷必须由天津的日本当局指定的日本商行收购。

11月1日至12月25日　日伪当局在华北地区推行第三次治安强化运动。

11月5日　中共蓟县县委组织党员在县城散发传单宣传抗日，分化瓦解伪军。

1942年

1月13日　包森指挥十三团7个连在蓟县果河沿与"扫荡"燕山口的伪治安军第三、第四团三千余人激战，全歼号称"模范治安军"的第四团，击溃增援的伪治安军第三团。

1月27日　伪市长温世珍下令，将市公署所属各办公室的铜器和制品一律"献纳交公"。

2月17日　冀东军分区副司令员兼十三团团长包森在遵化野虎山一带同日伪军遭遇，被敌军冷枪击中胸部，不幸牺牲，年仅31岁。

2月18日　日本政府声明：将天津英租界的行政权移交汪伪国民政府。

2月　冀中行署贸易局采购人员郭宝奎带领人员、车辆进市区采购物资，住河北大街同增、同盛、福泉等客栈，当完成采购任务准备启运返回根据地时被日伪特务包围，50辆独轮车及药物、纸张、颜料、印油、火药、化学品等物资及8名采购人员均被扣押，由日本宪兵队处理。

3月2日　日伪当局不断强化对天津教育界的控制，中小学教员非经市政当局批准不可聘任，市私立男女小学将英文课一律改为日文课。

3月20日　日军占领英租界后实行严格的宵禁制度，每日早晨8时至晚10时为检查时间。

3月30日至6月15日　日伪当局在华北地区推行第四次治安强化运动，并将华北划分为治安区、准治安区和半治安区三类。天津市被划为"治安区"。

4月1日　日伪军开始向冀东、冀中抗日根据地进犯。

4月8日　日本特务破获了在北平、天津地区活动的国民党秘密组织，拘捕186人。

4月13日　日军为进行经济掠夺在天津成立工厂联合会，会员达1500家，包括棉纺、机器制造、造胰、制革、橡胶、五金、电气等中小工厂企业。

5月28日　日伪当局通令各商户一律改用日文招牌。

6月　日军侵占天津以来，陆续成立了米谷、贸易、皮革、石油等统制会，实行严密封锁，禁止铁块铜丝、电信器材、火柴、药品等军用物资外运。

7月20日　接受中共冀中区八地委领导的青年组织——天津市青年抗日救国会（简称青救会）成立。

7月　据日伪当局统计，从七七事变截至本月，日本从天津抓走劳工共五万余人，运往伪满洲国和日本本土。

8月8日　天津新民总会新民青少团成立，规定在校15岁至20岁青少年必须参加。该组织以进行奴化教育、强制为日军劳动和军事训练为活动内容。

8月12日　日本防卫司令部贴出布告：强化对天津周围地区的经济封锁，对六类物资（军用物资）实行出入时间限制与许可证制度。

8月13日　日本华北驻屯军通令：对华北占领区的粮食、油、煤等物资实行"配给制"。

8月　日伪军在津北穆庄子、刘家房子、天齐庙等村，修筑碉堡，封锁水陆交通。

9月　中共中央作出《关于注意加强沦陷区工作的决定》，晋察冀分局派出干部秘密进入天津市区开辟工作。天津市内地下党组织逐渐恢复秘密活动。

10月8日至12月10日　日伪当局推行第五次治安强化运动，以"剿灭共匪""端正思想""完成大东亚圣战"为重点，其目的是把华北变成日本的兵站基地。

10月30日　日伪当局宣布从即日起至11月6日，举办"代用食粮提倡周"，强制市民食用花生渣、豆饼、杂合面等。

10月　天津青救会以八路军冀中军区的名义，在市内印刷、散发了《给伪军组织同胞的一封信》和《胜利在望，同胞们团结向前》两种传单。

11月　日军强令昌和铁工厂改为军火工厂，专门生产枪炮，工人们齐心抵制，军火生产次品率占一半以上。

12月　塘沽新河材料厂工人协助八路军从水上运送军用物资。

1943年

1月16日　中共冀中区委发出《关于敌伪工作的指示》，指出，要从各方面争取与瓦解伪军、伪组织，长期埋伏、积蓄力量，准备战略反攻。

2月22日　中共冀中区委九地委蠡县县委派遣党员干部进入天津，主要任务是发展党员、建立组织，长期准备，待机发动武装暴动夺取城市。

3月25日　中共中央北方局对冀东工作发出指示，要求坚持冀东游击战争，克服困难，积蓄力量，准备反攻。

3月　中共晋察冀分局城委派崔月犁进市区秘密开展工作，并把原小站党支部书记王晓（王兆凯）调回进行恢复支部工作。

5月4日　中共天津地下组织以冀中军区民运部名义散发了《"五四"纪念日告天津敌占区全体青年书》，号召天津广大青年发扬五四光荣传统，加入抗日救亡运动。

5月　中共冀中区安国县委城工部派党员进入天津，以药商身份为掩护开展工作，本月建立起三条石党支部。

6月5日　由天津特别市公署接管法租界，改称"兴亚第三区"。

6月15日　天津孚东印刷局因为中共地下组织购买印刷器材，有5人被日军逮捕。

6月　天津大红桥码头（原址在现红桥区）成为向冀中、冀南、渤海根据地运送物资的秘密水上启运点。由地下党控制的中西大药房、益顺兴文具工厂，以及振兴席庄、天利贸易行都是利用这条交通线将各类物资运送到根据地。

同月　天津市青年抗日救国会改为天津市各界抗日救国联合会（简称天津抗联），此后，活动更加活跃。

8月1日 驻津日军正式接管英、法、比在天津的3个发电厂，并成立华北电业株式会社。

8月8日 伪华北政务委员会在津召开省、市长会议，讨论加强反共问题。

8月21日 日伪当局贴出布告：即日开始防空演习，实行灯火管制，强制居民在门窗玻璃上贴纸条，电灯加黑布罩。

8月 天津抗联派人进入市内工厂、企业、铁路、学校，发展进步力量，开展抗日工作。部分成员还打入伪军、伪警中去开展工作。

9月10日 伪天津特别市公署协同驻津日军接管了意大利租界，改为特管区。

10月17日 日伪当局发布"强化对敌经济封锁"布告，规定除特别许可外，不准男女老少携带任何物品到解放区，违者处以死刑或高额罚金。

11月15日 伪华北政务委员会决定：将天津特别市公署改为天津特别市政府。

11月 驻津日军一八二〇部队强令仁立毛织厂加工军毯7000条，限转年8月前交货，后又追加17000条。在天津地下党组织领导下，全厂职工展开了怠工和各种破坏斗争，使此项任务直到日本投降也没有完成。

下半年 中共晋察冀中央分局、中共冀东区委、中共冀中区委，纷纷派遣工作人员潜入市内，重建党的地下组织。

本年 日本政府为了补充国内因征兵而造成的劳动力紧缺，通过了一项"中国劳工移入内地"的"国策"。伪华北政务委员会在北平、天津、开封设立了转运劳工办事处；在塘沽、新乡、济南等地设立劳工收容所。塘沽是日军在华北地区最大的劳工"转运站"，每年都有几十万劳工由此转运到日本。

1944年

1月1日 中共中央北方局提出1944年华北党的工作方针："团结全华北人民的力量，克服一切困难，坚持华北抗战，坚持抗日根据地，积蓄力量，准备反攻，迎接胜利。"

同日 天津抗联散发《胜利年到了》传单500份。

1月8日 日伪天津当局宣布，从即日开展为期半月的全市警察、保甲人员联合户口大检查。

1月16日 日伪天津当局决定全市燃料进行定量配给。

2月 据统计，自1941年12月至1944年2月，日军从天津共搜刮掠夺铜60多万公斤、铁41万多公斤、锡纸1.5万多张。

3月 宝坻县（现宝坻区）冯永庄村建立党支部，书记于启祥，该支部是宝坻县境内的第一个农村党支部。

4月28日 天津抗联印发《迎接五月，准备反攻》传单1600份，为扩大宣传，抗联队员登上中原公司楼顶散发传单。

4月 中共津南支部破坏了日军在天津水产街开办的修大炮和机枪的修械所。然后将枪栓、盘条、枪簧及一些工具运往冀中军区，解决八路军修理枪械的需要，使日军修械所停产7个月。

同月 日军接管比商电灯房，改称电工北厂，主要承担送配电线路维修等工作。该厂工人、共产党员焦玉润、张振录和乔云清等先后3次完成上级党组织交给的破坏敌人电力生产的任务，将西站、北站外水产前街和天纬路等处的变压器，采用放油烧坏的办法，造成多起停电事故，使日本兵营、军用仓库等处断电。

同月 日军以开展大东亚圣战为名，出动武装军警查封全市车行，抢收自行车15万辆。

5月　中共冀中区九地委调冀中九分区武工队员五十余人，由队长周继发、政委潘云峰率领，到静海县南部一带活动，协同津南支队开辟津南新区工作。

6月5日　中共中央发出《关于城市工作的指示》，要求各级党委充分认识占领大城市的重要性。各抗日根据地县以上党组织纷纷成立城市工作部，中共渤海区委、中共冀东区委、中共冀中区委、中共中央北方局城委均派遣党员干部进入天津市内开展工作。

6月11日　日伪当局在天津举行华北七大城市运动会。天津抗联成员邓迈、冯文慈、刘铁锌、左建4人化装成运动员进入饭店，散发《握紧拳头，奋起杀敌，挺起胸膛，准备反攻》的传单，引起敌人极大恐慌。

6月下旬　新港劳工营劳工举行暴动。新港劳工营是中国劳工运往日本的转运站，很多人在这里被折磨致死。这次暴动共逃出114人，极大地震动了日本侵略者。

7月3日　驻津日军防卫司令部慰安所令市警察局特务科征集妓女献纳盟邦驻津军队。每批二三十人，以三星期为限完成。因没能按时完成，驻津日军便在南市一带良家妇女中强征，引起社会哗然。

7月11日　天津抗联负责人赴中共冀中区十地委汇报地下工作情况。十地委城工部指示：要在抗联中建立党总支，由楚云任党总支书记；所有抗联成员要在社会上找公开职业做掩护，深入群众中去工作，迎接胜利的到来。

7月12日　天津抗联以"日本解放联盟天津支部"的名义，印发日文《告天津市居留民同胞及士兵书》100份，发往日本人住宅区。

7月24日　中共中央北方局召开会议，要求各地区抽调100至200名干部，通过培训，专门做城市工作，平津两地工作主要由晋察冀中央分局负责。会后，北方局宣传部派出干部到天津指导抗日救亡工作。

7月　中共冀中区十分区三联县二联区区小队和手枪队13人，化装成日本宪兵进入天津市内，袭击了大红桥日军修械所。留下十八集团军署名信1封，俘走7名日军，缴获1挺机枪、十几支步枪和一些子弹，日伪当局十分震惊。

8月　中共渤海区委根据中共中央山东分局指示，决定成立天津工作委员会，任命刘格平为工委书记，派组织部干部科科长朱凝协助其工作。为加强工委领导力量，刘格平吸收胡子炎（小学教员）和刘家玺（华北新报记者）等人参加工委。新的工委班子组成后，在青年学生和市民中广泛开展工作，组织读书会，发展党员，并选送一批青年学生到渤海区委青训班学习，为进一步发展工作培养干部。

9月15日　天津抗联党总支派遣党员进入双喜纱厂（后改为棉纺五厂）、恒源纱厂和天津铁路机务段当工人，开展工人工作。

9月　经中共冀中区九地委批准，中共静大县委和静大县抗日政府成立，李轩任县委书记。随后，开辟了杨柳青、永高庄、独流镇、刘家营、冯家村等地党的地下交通联络点。

10月13日　津南支队手枪队队员化装进入天津赛马场，俘虏德国驻津领事馆外交官6名，获军马3匹。

10月　中共津南支队三中队负责人，通过隐蔽在天津敌特高课的中共地下工作人员进入天津市内开辟工作，很快组成了一支有三十余人的秘密武装力量，经常活动在津浦铁路一线，截获敌人军用物资，打击日伪汉奸，被日伪当局称为"黑旗队"。

11月　中共冀热边特委派遣《救国报》党员编辑任朴进入天津市内开辟地下工作，由特委城工部直接领导。任朴进津后，先后发展了十几名党员，建立和领导了抗日统一战线组织——天津民族革命联盟（简称民联），一直活动到日本投降。

12月　天津抗联总支书记楚云去阜平，向中共晋察冀分局城工部部长刘仁汇报工作。刘仁指示：除做好市内的工厂、学校工作外，还要展开敌伪方面的工作。

同月　冀东八路军在宝坻县（现宝坻区）工部村设伏，全歼来工部村"扫荡"的日伪军八十余人，日军宝坻县守备中队长柴琪因战斗失败，次日在竹安镇剖腹自杀。

年底　中共渤海区天津工作委员会委员、宣传部部长刘家玺及其他3位工委委员，均被日本宪兵队逮捕入狱，天津工委被迫停止活动。

1945年

1月　中共中央晋察冀分局城工部派遣党员进入天津市内，在河东郑庄子居民区建立秘密工作点，从事发展党员工作。同年8月，在双喜纱厂建立了党支部。

同月　由周恩来直接派进天津工作的龚炜与中共冀中区委取得联系，在市内以中学教师身份开展活动，团结师生，发展党员。他的组织关系由天津抗联党总支单线联系。

同月　中共中央晋察冀分局城工部派党员李建裔（秋晨）到天津开展学生工作。她先后考入省立女中（现海河中学）、圣功女中（现新华中学）、南开女中（现第二南开中学），在校内从事发展党员、建立党支部的工作，后任南开女中党支部书记。

2月25日　冀东第十八军分区特务连、十三团一部和香武宝联合县支队等抗日武装，在宝坻县（现宝坻区）赵各庄全歼日军"剔抉队"一百余人，取得了震动冀东的赵各庄战斗的胜利。

4月30日　华北交通株式会社铁道工厂（即津浦大厂）地下党支部书记王俊臣，团结带领工人中的积极分子，将17箱器材零件一夜之间偷运出厂外，破坏了驻津日军修理装甲车的计划。

4月　中共冀中区委决定建立天津工作委员会，工作重点是市内的工人和学生，并承担为根据地购买军用物资的任务。

5月4日　中共冀中区委发出《关于城市工作的指示》，强调了要进一步开辟城市工作，把城市工作作为1945年的三大任务之一。

5月 中共渤海区委城工部决定：重建渤海区委天津工作委员会，继续开展党的地下工作；将已经渤海区委城工部青训队培训过的天津青年学生陆续派回天津市内，开展党的地下工作。很快，新组建的天津工委便在女一中、女二中、含光女中、男一中、南开中学、进修中学等校建立了党的外围组织——天津市青年学生民主促进会（简称"民促"）。

6月 中共中央晋察冀分局充分肯定了津南支队手枪队和九分区敌后武工队的对敌斗争经验，认为"冀中津南武工队的组织形式与工作方式，经过实践证明在开辟地区时是适用的"。毛泽东特将此经验批转华中、山东和晋西北等抗日根据地学习借鉴。

上半年 中共冀中区委在天津的西南部和南部，先后建立了中共静大县委和津南县委，县委下设城工部，分别派遣干部进入市内工作。县委领导的武装力量经常进入市内袭击敌人。此时，日伪统治下的天津，已处在中国共产党领导的抗日根据地的包围之中。

8月9日 中共中央主席毛泽东发表《对日寇的最后一战》，号召一切抗日力量举行全国规模的反攻，为夺取最后胜利而斗争。

8月10日 朱德总司令命令华北、华中、华南各地区八路军、新四军应迅速前进，收缴日伪武装，接受日本投降，如遇抵抗，当即予以坚决消灭。

同日 八路军晋察冀军区司令员聂荣臻限令日本华北派遣军司令官48小时内投降，同时集中各主力部队向平、津、张（家口）等敌占大中城市进军，冀中军区主力向天津挺进。

8月12日 中共冀中区委和军区在河北省胜芳召开万人誓师大会，杨成武宣布了进军天津的命令。

8月15日 日本宣布无条件投降。驻宝坻、武清、宁河境内日军迅速撤退至天津海光寺和芦台、唐山等铁路沿线集结。

同日 日本无条件投降的消息在天津传开，天津人民欣喜若狂，庆贺中国人民的伟大胜利，庆贺从此结束了日本帝国主义对天津的殖民统治。

10月6日 驻津日军司令官内田银之助在投降书上签字。

主要参考书目

天津市政协学习和文史资料委员会、中共天津市委党史研究室、天津市档案局等编著：《天津人民抗日斗争图鉴》，天津古籍出版社2005年版。

中国革命博物馆编纂：《中国共产党70年图集》，上海人民出版社1991年版。

中共天津市委党史研究室编：《天津市革命遗址通览》，中共党史出版社2012年版。

王凯捷著：《天津抗战》，天津人民出版社2005年版。

中共天津市委党史研究室编：《中国共产党天津历史图鉴》，中央文献出版社2011年版。

中共天津市委党史研究室著：《中国共产党天津历史》（第一卷），中共党史出版社2005年版。

中共天津市委党史研究室编：《中国共产党天津历史大事记1919—2000》，中共党史出版社2001年版。

中共天津市委党史研究室编：《民族英雄吉鸿昌》，中共党史出版社2005年版。

中共天津市委党史研究室编著：《津沽大地的抗日壮歌》，天津古籍出版社2005年版。

后 记

从1931年至1945年，具有光荣革命传统的天津人民，在中国共产党的领导下，历经14年英勇悲壮和不屈不挠的斗争，在付出巨大的民族牺牲后，终于同全国各族人民一起，迎来抗日战争的最后胜利。抗日战争的胜利，改写了近代中国在抵御外国侵略作战中屡战屡败的历史，洗雪了自鸦片战争以来的民族屈辱，极大地提升了中国的国际地位，增强了中国人民的民族自尊心和自信心，为党团结带领全国各族人民彻底实现民族独立、人民解放和国家富强奠定了坚实的基础。

2015年是中国人民抗日战争暨世界反法西斯战争胜利70周年，为讴歌天津人民在中国共产党的领导下反抗外族侵略的英雄业绩，揭露日本帝国主义者在天津犯下的滔天罪行，弘扬抗日战争中孕育形成的伟大民族精神，我们组织编写了本书。期望通过本书，真实客观地再现抗日战争期间海河儿女在中国共产党的领导下走过的那段艰难困苦而又激情燃烧的岁月，教育广大干部群众和青年学生倍加珍惜今天来之不易的和平环境，调动人民群众热爱家乡、建设天津的热情和积极性，为推动京津冀协同发展、全面推进依法治市和加快建设美丽天津贡献自己的智慧和力量。

中共天津市委党史研究室高度重视本书的编写工作。刘润忠主任审定编写大纲并统改全部文稿。王永立副主任承担编写任务。张志刚、朱漓江为全书提供照片资料。林琳参加编校工作。

在本书编写过程中，参阅了《天津市革命遗址通览》《津沽大地的抗日壮歌》《天津人民抗日斗争图鉴》等书籍。天津人民出版社王康编辑对本书的编写出版给予了大力支持和很多具体指导，在此一并表示衷心的感谢。

由于编写时间和水平所限，书中若有错漏不妥之处，敬请读者批评指正。

编　者

2015 年 8 月 15 日